U0687984

汽车钣金与喷漆技术应用研究

梁小罗◎著

中国原子能出版社

图书在版编目（CIP）数据

汽车钣金与喷漆技术应用研究 / 梁小罗著．-- 北京：中国原子能出版社，2022.9
ISBN 978-7-5221-2180-2

Ⅰ．①汽⋯ Ⅱ．①梁⋯ Ⅲ．①汽车－钣金工②汽车－喷漆 Ⅳ．①U472.4

中国版本图书馆 CIP 数据核字（2022）第 191122 号

汽车钣金与喷漆技术应用研究

出版发行	中国原子能出版社（北京市海淀区阜成路 43 号　100048）
责任编辑	杨晓宇　王　蕾
责任印制	赵　明
印　　刷	北京天恒嘉业印刷有限公司
经　　销	全国新华书店
开　　本	787 mm×1092 mm　　　1/16
印　　张	14.25
字　　数	248 千字
版　　次	2022 年 9 月第 1 版　　　2022 年 9 月第 1 次印刷
书　　号	ISBN 978-7-5221-2180-2　　　定　价 72.00 元

前　言

　　随着轿车进入家庭，汽车保有量迅速增加，汽车碰撞损坏也迅猛增多，它不仅影响车身的美观，还会影响驾驶人的心情，因此一般都会进行钣金和喷漆修复，这就使得汽车车身修复成为现代汽车维修服务的重要项目之一。现代汽车车身修复技术要求越来越高，新技术、新工艺、新设备不断改进和更新，对汽车维修人员的知识和技能提出了更高的要求。现阶段，社会对汽车车身修复的技能型人才需求较大，质量要求较高。现代汽车车身修理不是简单、低技术含量的钣金修理工作，对汽车维修人员的要求非常高，要求汽车维修人员必须掌握多方面的知识和技术。要掌握这么多的专业技术，则需要经过系统、专业的学习和培训。

　　本书共九章内容，第一章为汽车钣金喷漆基础知识，主要内容包括汽车车身分类、汽车车身结构、汽车车身材料、钣金工艺安全防护和喷漆工艺安全防护；第二章为汽车钣金常用设备及工具，具体介绍了钣金常用工具和量具、钣金手动工具、焊接设备和车身维修设备；第三章为汽车喷漆常用设备及工具，详细介绍了喷漆室与烤漆房、空气喷涂系统、压缩空气供给系统和打磨设备；第四章为事故汽车车身的拆解与估损，论述了整体式车身的类型及特点、车身钣金件的连接方式、事故车辆的测量；第五章为汽车钣金件的修复与更换，主要内容包括车身钣金件损坏的类型、钣金件的整形与矫正方法、车身修复的焊接、车身修复的粘接和汽车钣金凹陷无痕修复技术；第六章为钣金结构件的更换与修复，分别介绍了钣金结构件的拆卸方法、钣金结构件的更换与调整和钣金结构件的切割与修复；第七章为汽车喷漆工艺相关认识，内容包括喷漆知识、喷漆前的准备、喷漆工艺具体分析、汽车水性漆喷涂工艺研究以及汽车水性漆运用推广过程中的问题研究；第八章为漆面质量检查与修复，主要介绍了漆面质量检查和漆面修复两方面内容；第九章为汽车车身彩绘技术，分别阐释了汽车车身彩绘基础知识、车身彩绘技术运用与发展和车身彩绘技术新研究。

在撰写本书的过程中，作者得到了许多专家学者的帮助和指导，参考了大量的学术文献，在此表示真诚的感谢。本书力求做到内容系统全面，论述条理清晰、深入浅出，但由于作者水平有限，书中难免会有疏漏之处，希望广大同行及时指正。

作者

2022 年 6 月

目　录

第一章　汽车钣金喷漆基础知识

汽车车身的修理作业，必须充分了解车身的构造及其相关知识。本章主要论述汽车钣金喷漆基础知识，分别介绍了汽车车身分类、汽车车身结构、汽车车身材料、钣金工艺安全防护、喷漆工艺安全防护。

第一节　汽车车身分类

一、按用途分类

1. 客车车身

客车车身又可按车身的大小和特点分为以下两种。

第一种，轿车车身，有4门车身、2门车身、双座车身、活顶车身、客货两用车身等多种。根据顶盖的结构又有移动式顶盖、折叠式顶盖、可拆式顶盖等。

第二种，大客车车身，如城市公共汽车车身、长途客车车身、旅游客车车身等。

2. 货车车身

货车车身通常包括驾驶室和货厢两部分。货厢可以分为传统式货厢、封闭式货厢、自卸式货厢、专用车货厢以及特种车货厢等多种。

二、按车身壳体的结构型式分类

1. 车架式

车架式有完整的骨架（或构架），车身蒙皮固定在已装配好的骨架上。

2. 半车架式

半车架式只有部分骨架（如单独的立柱、拱形梁、加固件等），它们彼此直接相连或借蒙皮板相连。

3. 整体式

整体式没有骨架，利用各种蒙皮板连接时形成的加强筋来代替骨架。

客车及较大型车厢多采用车架式，轿车和货车驾驶室广泛采用整体式。

三、按车身的受力情况分类

1. 非承载式

弹性元件与车架相连，车身不承受汽车载荷。

2. 半承载式

车身与车架系刚性连接，车身承受汽车的一部分载荷。

3. 承载式

全部载荷均由车身承受，底盘各部件直接与车身相连，所以就取消了车架。承载式车身具有更轻的质量、更大的刚度和更低的高度。

四、按轿车尺寸分类

1. 紧凑型轿车

紧凑型轿车又称为经济型轿车，车身属于最小级别的，通常采用4缸以下小型的发动机，质量较小，燃油经济性很高。

2. 中高级轿车

它通常采用4缸、6缸、8缸发动机，具有中等的质量和外形尺寸，虽然一般采用整体式车身结构，但是一些老款车仍然采用车架式车身结构。

3. 豪华轿车

它是轿车中尺寸最大的，因为尺寸比较大，所以质量比较大，通常采用高性能的V8发动机。豪华轿车采用整体式车身或车架式车身结构。豪华轿车的燃油经济性差。

五、按轿车车身结构分类

1. 普通轿车

这种车一般有前座和后座，适合4人或6人乘坐，并可分为2门和4门轿车。

2. 硬顶轿车

这种车有前座和后座，金属顶盖，通常主要特征为没有门柱或有 B 立柱。它可以分为 2 门和 4 门车。

3. 敞篷车

目前，敞篷车为塑料顶篷，它可以升起或落下，像硬顶轿车一样，敞篷车没有门柱，根据需要可以制造成有或者没有后窗。它有 2 门和 4 门型式。

4. 掀背轿车

这种汽车分为 3 门和 5 门型式，车尾部有行李箱，行李箱盖向上开启。

5. 旅行车

这种车分为 3 门和 5 门型式，顶部向后延伸至全车长，车后部有宽敞的后备厢，尾门是后备厢的入口。

6. 多功能车（SUV）

这种车通常采用四轮驱动，离地间隙比一般的轿车高，通常归到越野车一类，可在雪地和泥泞路面顺利行驶。

7. 厢式车

这种车的厢型车身宽大，增加内部容积或空间，全尺寸厢式车通常采用全周边式车架和前置后驱的型式。微型厢式车体形较小，通常采用整体式车身结构和前置前驱的型式。

8. 轻型卡车

这种车通常称为皮卡车，它的驾驶室和车架通常是独立的，轻型卡车大多数采用前置后驱的型式，有些是四轮驱动。

第二节　汽车车身结构

车身结构分为车架式车身（非承载式车身）和整体式车身（承载式车身）两种。

一、车架式车身结构

车架式车身由主车身和车架组成。车架是一个独立的部件，没有与车身外壳任何主要部件焊接在一起。车架是汽车的基础，车身和主要部件都固定在车架上，因此要求车架有足够的坚固度，在发生碰撞时能保持汽车其他部件的位置正常。

车身通常用螺栓固定在车架上，为了减少室内的噪声和振动，车身与车架之间放置特制橡胶垫块，还安装了减振器，将振动减至最小。

现代汽车的高强度钢车架的纵梁截面通常是 U 形槽截面或箱形截面，用来加强车架并作为车轮、发动机和悬架系统的支架，碰撞时能吸收大量的能量。车架上不同的托架、支架和孔洞用来安装各种部件，这些构成汽车的底盘。为了便于汽车转弯，并为汽车提供较好的支撑，车架都做成前部窄、后部宽。

（一）车架类型

1. 梯形车架

梯形车架是由两个纵梁与一些横梁相连接组成的。梯形车架的强度好，因此在一些货车上仍能看到。

2. X 形车架（脊梁式车架）

X 形车架中间窄，刚性好，能较好地承受扭曲变形。由于这种车架侧面保护性不强，从 20 世纪 60 年代后期起已不再使用。

3. 框式车架

框式车架的纵梁在最大宽度处支撑着车身，在车身受到侧向冲击的情况下为乘客提供更多的保护。在前车轮后面和后车轮前面的区域分段地形成扭力箱结构，在正面碰撞中分段区域可吸收大部分的能量。在侧向碰撞中由于中心横梁靠近前面地板边侧构件，使乘坐室受到保护，同时因乘坐室地板低，重心降低、空间加大。在后尾碰撞中由后横梁和上弯车架吸收冲击振动。由于关键区域有横梁加强，避免了车架过大的扭曲和弯曲。目前所使用的车架大多数都是框式车架。

（二）车架式的前车身

车架式的前车身由散热器支架、前翼板和前挡泥板组成。由于用螺栓安装，易于分解。散热器支架由上支架、下支架和左右支架焊接成一个单体。车架式车身的前翼板不同于无架式车身的前翼板，上边内部和后端是点焊的，不仅增加了翼板的强度和刚性，并且与前挡泥板一起降低了传到乘坐室的振动和噪声，也有利于减小悬架及发动机在侧向冲击时受到的损伤。

（三）车架式的主车身

乘坐室和行李箱焊接在一起构成主车身，由围板、地板、顶板等组成。围板由左右前车身立柱、内板、外板和盖板的侧板构成。地板的前面有一传动轴凹槽，纵贯地板中心。横梁与地板前部焊接在一起，并安装到车架上，当乘坐室受到侧向冲击碰撞时，可使乘坐室顶边梁、门和侧面车身得到保护。地板的前后和左右边侧用压花工艺做成皱褶，增加地板的刚度，减少了振动。

二、整体式车身结构

在 20 世纪 80 年代以前，曾短暂地使用过半架式车身。近几年生产的小型、中型（甚至有些大型）的新型轿车，大部分都采用整体式（无架式）车身构造。

没有大梁构造的整体式车身是一般小型车采用最多的，各个钣金零件的强度可以通过压造成形为各种断面的形状来获得所需的刚性，因此钣金零件在制造、压造成形技术上要求特别严格。由于钢板材质和压造技术的进步，可以设计生产质量小，坚固耐用，设计优良的车身。整体式车身为一强固的整体，能承受较大的荷重及冲击，更减去了大梁部分，这样既减小了车身的质量，又降低了其重心，使其更趋稳定，同时利用曲面可增大强度。

整个车身是由冲压成不同形状的薄钢板件用电阻点焊连接成一个整体的，其特点有。

（1）整体式车身的主要部件是焊接在一起的，车身形成紧密的结构，有助于在碰撞时保护车内乘员。

（2）由于没有独立车架，车身紧挨地面，质心低，行驶稳定性较好。

（3）整体式车身内部的空间更大，汽车可以小型化。

（4）结构紧凑，质量小。

（5）整体式车身刚性较大，有助于向整个车身传递和分散冲击能量，同时远离冲击点的一些部位也会有变形。

（6）当碰撞程度相同时，整体式车身要比车架式车身的损坏更为复杂，修复前要做彻底的损坏分析。

（7）车身一旦损坏变形，则需要采用特殊（不会导致进一步损坏）程序来恢复原来的形状。

在整体式车身的检查中容易忽略远离碰撞点的一些不明显的损坏，这些损坏在以后会引起操纵或动力系统的故障。整体式车身前部结构比车架式车身复杂得多，车身前部不仅装有前悬架构件和操纵联动装置，并且装有整个驱动系统，如发动机、传动轴、驱动轴和万向接头等部件。车身前部板件承受的载荷更大，要求前部车身的刚性要好。

第三节　汽车车身材料

一、车身钢板

车身钢板一般有热轧板和冷轧板两种类型。车身钢板按其加入成分大体可分为碳素钢板、高强度钢板、特殊钢板等。

（一）热轧板

（1）用途热轧钢在汽车上主要用于制造横梁与车架等比较厚的零部件，是在 730℃以上的高温下轧制而成的，厚度在 4 mm 以上。

（2）性能热轧钢板塑性和强度适中，延伸性能比冷轧板差。

（二）冷轧板

（1）性能冷轧板是由热轧板经过酸洗后冷轧变薄，并且经过退火处理，表面质量好，精度高，具有非常好的塑性与可加工性能，适合于弯曲和拉伸，不易断裂，同时还具有良好的焊接性能。

（2）缺点冷轧板缺点为容易生锈，抗腐蚀性能较差。

（三）碳素钢

按含碳量高低可分为普通碳钢与优质碳钢两种类型。

（1）普通碳钢。普通碳素钢在车身上应用范围很小，只限于制作低承载的支架类构件。

（2）优质碳钢按其含碳量可分为低碳钢、中碳钢及高碳钢。

① 低碳钢。含碳量约 0.0218%~0.25%，钢材强度较低，塑性好，焊接性能较

好，在车身面板中大量采用。含碳量低的钢材较软，便于加工，能够很安全地进行焊接作业。

② 中碳钢。含碳量约 0.25%~0.60%，钢材强度和韧性较好，受热处理影响较大，常用于轴、齿轮等零件。

③ 高碳钢。含碳量约 0.60%~2.11%，常用于刃具和磨具，经淬火后虽然硬度很高，但脆性很大。

（四）高强度钢

高强度钢指强度大于低碳钢的各种类型钢材，它为车身的轻量化创造了有利条件，并且不会影响车身的强度。高强度钢可分为高强度低合金钢、高抗拉强度钢及超高强度钢三种。

（1）高强度低合金钢常见于美国车型的车门槛、前后梁及车门立柱等部位，是通过在低碳钢中加入磷来达到强化目的。

（2）高抗拉强度钢常见于日本车型车身结构，主要用在悬架装置等部位。

（3）超高强度钢具体如下。

① 用途。主要用在车门护梁、前后保险杠、加强筋等部位。

② 性能。抗拉强度可达到普通低碳钢的数倍。

③ 分类。按照加入成分及热处理工艺可分为低合金超高强度钢、二次硬化型超高强度钢、马氏体时效钢和超高强度不锈钢。

④ 维修方式。超高强度钢制成的构件在损伤时，一般采用更换的方法。

（五）绝缘钢板

绝缘钢板（也称静音钢）是在两层薄钢板间加入具有隔音和吸振功能的非金属材料，达到车身防噪声及抗振动的目的。

（六）镀锌薄钢板

镀锌薄钢板具有耐腐蚀性好与表面美观的特征，在车身面板中应用比较广泛，表面发白，分为平光和花纹两种。车身用镀锌薄钢板一般有镀锌钢板、热浸镀锌钢板和镀锌合金钢板三种类型。

1. 镀锌钢板

镀锌钢板是通过电镀生成高纯度的锌结晶，镀锌层厚度比熔化镀锌钢板要低，耐腐蚀性较差。

2. 热浸镀锌钢板

热浸镀锌钢板是通过将钢板浸入熔化的锌中获得锌镀层的，这种钢板耐腐蚀性虽然较好，但相对电镀钢板焊接性与涂漆性较差。

3. 镀锌合金钢板

镀锌合金钢板是采用某些特殊成分涂在钢板表面，增加可焊接性和涂漆性。

二、塑料

（一）热塑性塑料

热塑性塑料作为一类应用最广的塑料，热塑性树脂是主要成分，同时添加各种助剂配制成塑料。在一定的温度条件下，塑料能够软化或熔融成任意形状，冷却后形状不变，这种状态可以多次反复且始终具有可塑性，并且这种反复只是一种物理变化。

车用热塑性塑料包括聚乙烯、聚丙烯、聚氯乙烯、酚醛等。汽车上使用的80%的塑料为热塑性塑料。

（二）热固性塑料

热固性塑料是指在一定条件下（如加热、加压）通过化学反应固化成不熔不溶性的塑料。

第一次加热时能够软化流动，加热到一定温度时产生化学反应——交链固化从而变硬，这种变化是不可逆的，以后再加热时已不能再变软流动了。正是凭借这种特性进行成形加工，利用第一次加热时的塑化流动，在压力下冲入型腔，进而固化成为确定形状和尺寸的制品。汽车上使用的热固性塑料包括聚氨酯塑料、不饱和聚酯塑料等。

三、玻璃

（一）夹层玻璃

（1）结构状态夹层玻璃是指将一种透明可黏合性塑料膜贴在两层或三层玻璃之间，将塑料的强韧性与玻璃的坚硬性结合在一起，增强了玻璃的抗破碎能力。

（2）性能具体如下。

① 高抗冲击强度。受冲击后脆性的玻璃破碎，但由于它和有弹性的 PVB 相结合，使夹层玻璃具有高的抗穿透能力，仍能具有能见度。

② 黏结力高。玻璃和 PVB 黏结力高，当玻璃破碎后玻璃碎片仍旧黏在 PVB 上不剥落、不伤人，具有安全性。

③ 耐光、耐热、耐湿、耐寒。

（二）钢化玻璃和区域钢化玻璃

1. 钢化玻璃

钢化玻璃分物理钢化与化学钢化，一般所说的钢化玻璃均指物理钢化。钢化玻璃是指将普通玻璃淬火使内部组织形成一定的内应力，从而使玻璃的强度得到加强，在受到冲击破碎时玻璃分裂成带钝边的小碎块，不易对乘员造成伤害。

2. 区域钢化玻璃

区域钢化玻璃为钢化玻璃的一个新品种，经过特殊处理后可以在受到冲击破裂时，玻璃的裂纹仍能够保持一定的清晰度，确保驾驶者的视野区域不受影响。

四、车身用胶

（一）车身焊接工艺用胶

焊接工艺用胶大多是结型、半结构型胶，起到减少焊点、代替焊接、密封防锈及降低振动噪声的作用。

这种胶与油面钢板有良好的附着性，一般无须专门设立加热固化设备，对清洗、磷化和电泳等涂装工艺没有任何不良影响，主要包括折边胶、点焊胶、减振（膨胀）胶等。

（二）车身涂装工艺用胶

车身涂装工艺用胶种类虽然不多，却是目前涂装工艺中用胶量最大的，主要包括下列几种。

（1）焊缝密封胶。焊缝密封胶能够防止空气、雨水、尘土进入车内，起到密封和防锈、防漏的作用。

（2）车底抗石击涂料。抗石击涂料能够抵抗沙石对车底板的冲击，提高防腐蚀能力，增加车体寿命，同时降低车内噪声。

（3）指压密封胶等。

（4）聚氯乙烯（PVC）塑溶胶。目前，多数使用聚氯乙烯（PVC）塑溶胶产品，该类产品有良好的触变性，能够挤涂、喷涂，在中涂、面漆施工后不会出现变色现象。

（三）汽车内饰用胶

（1）车身顶篷、车门和行李厢盖等内饰用粘接剂。

（2）车门防水膜与车窗玻璃用粘接剂、密封胶。

（四）汽车制造工艺用粘接剂、密封胶

（1）喷漆保护与装配固定用压敏胶带。

（2）模具和刀具用粘接剂。

（3）铸造树脂。

（4）其他工艺用胶。

（5）修补类粘接剂。

五、涂料

涂料是涂在物体表面能形成具有保护、装饰或特殊性能的固态涂膜一类液体或固体材料的总称。汽车涂装所用涂料通常由四种基本成分组成，分别为颜料（体质颜料）、成膜物质（树脂）、溶剂及辅助材料（添加剂）。

第四节　钣金工艺安全防护

一、车身修理车间的布置

车身修理车间内主要完成的是车身修复与涂装两项工作。工作区域分为车身修复工作区域（钣金工作区）及涂装工作区域（喷漆工作区）。

（1）车身修复场所应保持良好通风，无论是焊接，还是切割或打磨，都会产生有害的烟尘。

（2）车身修复区或工种布置需符合车身修复工艺的要求，既要考虑经济性，还要考虑维修质量，同时也不能忽视安全因素。

（3）保持车身修复生产场所地面干燥和整洁，因为未被发现的损伤电缆线在潮湿的地面上易漏电，会发生触电事故，地面上的油污易造成操作人员在操作过程中摔倒。

（4）废弃物应分类处理。车身修复过程中会产生很多不同类型的废弃物，如废气、废水、废渣、废料，不仅污染环境，严重时还会导致火情（如焊渣、未使用完已混合的原子灰都很危险）。

（5）应急通道必须时刻保持畅通。有些修理企业因为业务多，疏于管理，将应急通道占用，一旦险情发生，其后果不堪设想。

车身测量校正、车身焊接、车身装配调整工作通常在固定的工位进行，即在车身校正仪上完成这些工作。车身校正工位是车身修复工作区最重要的工位，同时也是完成工作最多的工位，工位要布置一台车身校正仪，车身校正仪平台的长度通常为5~6 m，宽度通常为2~2.5 m，为了有足够的安全操作空间，车身校正工位的长度通常为8~10 m，宽度通常为5~6.5 m。

二、修理期间车辆的安全

车辆在进入修理场地后应注意以下安全事项。

（1）必须拉好驻车制动操纵杆，关闭发动机，将变速杆置于空挡。若车辆配备自动变速器，则应置于驻车挡，最好用楔形木块垫住轮胎，以免车辆移动。

（2）操作车辆举升时，要做好车辆的支撑工作，确保支撑安全。

（3）将车辆的蓄电池拆下，确保车辆用电设备的安全。点火开关处于关闭状态，如果打开点火开关的同时变速器也挂着挡，则在转动发动机曲轴时，发动机可能会启动。

（4）车辆关闭后，等到炽热部件（排气管、消声器等）冷却后方可进行相关操作。车辆有汽油、机油泄漏等，必须采取措施，防止火灾。

（5）禁止焊接车辆的油箱，也不能在油箱附近进行高热的操作。

三、电器的安全

车身修理人员在使用电器工具时应遵循以下安全操作规范。

（1）修理电动设备和电动工具前需先断开电源，否则会有电击危险，严重的可能造成伤亡事故。

（2）保持地面干燥。因为水能导电，如果带电导线落入站有人的水坑中会产生电击的危险，因此在使用电动工具时必须保持地面无水。

（3）应保证电动工具和设备的电源线正确接地。若电源线中的接地插头断裂，应更换插头后再使用工具。

（4）定期检查电线的绝缘层有无裂纹或裸露出导线，及时更换发生破损的电线。

四、消防安全

（1）车身修理车间禁止吸烟。车间内堆积大量易燃物可能引发火灾。

（2）车间内不得随身携带火柴或打火机。

（3）易燃材料应远离热源。禁止在调漆间附近使用割炬或焊接设备。车身隔声材料易燃，在对车身板件焊接或用割炬切割时，必须先将隔声材料拆下。

（4）焊接或切割时，高热量的火星可以运动很长一段距离。禁止在油漆、稀释剂、其他可燃液体或材料周围进行焊接或切割；禁止在蓄电池周围进行焊接或研磨。

（5）燃油箱应当排空后拆下。当在燃油箱加油管周围进行作业时，需将其拧紧并盖上湿抹布。

（6）在车辆内饰旁边焊接或切割时，应卸下座椅垫或地板垫，用一块浸水的布或焊接毯盖上，最好在旁边备一桶水或一个灭火器。

（7）在发生火灾时，禁止打开门窗，防止空气流动导致火势加大。

（8）灭火器应该定期检查，定期重新加注灭火剂。灭火器应摆放在车间的固定位置，并有明显的标志。

五、个人防护

1. 呼吸系统和肺部的防护

对镀锌钢板焊接时形成的焊接烟尘、打磨抛光时产生的微尘、清洗部件时挥发的溶剂以及喷射防腐剂时挥发的液滴，都会被人吸入呼吸系统，对人体造成暂时、甚至永久的伤害，在进行这些操作时均应该佩戴呼吸防护用品。

第一种，防尘口罩。防尘口罩通常是用多层滤纸制作的纸质过滤器，可以阻挡空气中的微粒、粉尘进入人的鼻腔、咽喉、呼吸道和肺部。在打磨、研磨或使用吹风机吹净板件操作时会产生大量的粉尘，需佩戴防尘口罩。

第二种，滤筒式防毒面具。滤筒式防毒面具一般有橡胶面罩，能够贴合脸部轮廓，确保气密性；有可换的预滤器和滤筒，能够清除空气中的溶剂和其他蒸气；有进气阀与出气阀，保证所有吸入的空气都能被过滤。

第三种，焊接专用防毒面具。焊接专用防毒面具上有一个特殊的滤筒，用于吸收焊接烟尘。在对镀锌板材焊接时，产生的焊接烟尘及锌蒸气会对人体造成非常大的伤害。

2. 眼睛和面部的防护

在进行钻孔、磨削和切削等操作时，需佩戴护目镜。在进行可能会造成严重面部伤害的操作时，仅戴护目镜不能提供足够的保护，应佩戴全尺寸防护面罩。

在进行气体保护焊、等离子切割等操作时，需佩戴有深色镜片的焊接头盔或护目镜。焊接头盔可以保护面部免受高温、紫外线或熔化金属的灼伤，变色镜片可以防止眼睛受到过亮光线或电弧紫外线的伤害。

3. 耳的防护

在钣金作业车间，金属的锤击声会直接影响人的听觉，因此应佩戴耳塞或耳罩等耳朵保护装置。

4.身体的防护

一是上身防护。在车间内应穿着合格的专用工作服，不得穿着宽松的衣服，如未系袖扣、松垂的领带等。二是腿、脚的防护。在车身钣金作业时，为了避免砸伤和防电击、防滑，须穿安全鞋；当跪在地上作业时，最好佩戴护膝；在焊接时，裤长要能盖住鞋头，以免炽热的火花或熔化的金属进入鞋内，通常穿上皮质的围裙、焊接护脚来避免熔化的金属烧穿衣物。三是手的防护。为了避免被熔化的金属烧伤，在焊接时应戴上皮质的手套；使用钣金锤作业时，需戴防滑棉手套。

六、工具设备的安全

车身修复过程中需要使用各种类型的设备和工具，这些不同类型的设备和工具的性能直接关系到车身修复的质量，严重时影响操作者的人身安全。

（1）手动工具必须保持干净整洁及状态完好，任何断裂、毛刺和切口等均有可能造成操作者受伤或引起被修车辆及其他工具设备不必要的损伤，油污可能会导致手动工具脱落引发危险。

（2）专用工具除用于专门场合外，禁止用于其他任何操作，对于量具等精密器械更应妥善保管。

（3）将所有的零件和工具整齐、正确地摆放在指定位置，在保证其他工作人员不会被绊倒的同时，还能缩短寻找零件或工具的时间。

（4）进行动力打磨、修整和钻削等工作时，必须佩戴防护目镜；使用高速电钻时不能戴手套；打磨小件时不得用手持握工件。

（5）使用电气焊或明火操作时要注意防火，设备使用完毕应将设备安放在特定的场地，关闭电源与气源。

（6）使用电动工具时要保证接地可靠，检查绝缘状况，在接通电源之前保证开关处于关闭状态，用完应切断电源；使用手持电动工具时不要站在潮湿的地面上。

（7）在用动力设备对小零件操作时，不得一手持零件，一手持工具操作，否则零件容易滑脱，造成手部严重受伤。在进行研磨、钻孔、打磨时，一定要使用夹紧钳或台虎钳来固定小零件。

（8）焊接用的气瓶要固定牢靠，以免倾倒产生危险。使用完毕后应关上气瓶顶部的主气阀，防止气体泄漏流失或爆炸。

（9）不要用压缩空气来清洁衣物。压缩空气不得直接对着皮肤吹，即使是在较低的压力下，压缩空气也能使得灰尘粒子嵌入皮肤，可能会造成皮肤发炎。

（10）焊机的电缆线外皮必须完整、绝缘良好、柔软。焊机电缆线应采用整根电缆线，中间不应有连接接头；当电缆线需要接长时，应用接头插接器连接，连接处应保证绝缘良好，并且插头不宜超过两个。

任何操作都不得把錾子或其他尖锐的手动工具放到兜里，因为可能会刺伤自己或损坏车辆。操作整形台架及拉伸设备前，必须要认真阅读使用说明书，按规定使用。

第五节　喷漆工艺安全防护

一、安全操作规程

各项汽车喷漆作业都有具体的安全操作规程，必须在掌握安全操作规程的前提下，进行汽车喷漆施工。

（一）喷漆作业安全操作规程

修补喷漆施工条件较差，操作者大多在充满溶剂气体的环境中作业，不安全因素较多，操作者应熟知本工种作业特点和所使用设备的合理操作方法，保证安全施工。

（1）施工环境必须有良好的通风条件，若室内施工（特别是喷涂时）要有良好的通风设备。

（2）操作前根据作业要求，穿好工作服和鞋，戴好工作帽、口罩、手套、鞋罩和防毒面具。

（3）操作人员应熟悉使用的设备，使用前应仔细检查。

（4）打磨施工中应注意物面有无凸出毛刺，以防划伤手指。

（5）用钢丝刷、锉刀、气动和电动工具做金属表面处理时，需佩戴防护镜，以免眼睛受伤，如遇粉尘较多，应戴防护口罩，以防呼吸道感染。

（6）酸碱溶液要妥善保管，小心使用。搬运酸碱溶液要使用专门的工具，严禁肩扛、手抱。清除旧漆膜时，必须佩戴乳胶手套和防护眼镜，穿戴涂胶围裙和鞋罩。

（7）登高作业时，凳子要牢固，放置要平稳不得晃动，热天严禁穿拖鞋操作。

（8）施工场地的易燃品、棉纱等应随时清除，严禁烟火，涂料库房要隔绝火源，并有消防用品及严禁烟火的标志。

（9）施工完毕后将设备、工具清理干净，摆放整齐，剩余涂料及溶剂要妥善保管以防溶剂挥发。

（10）工作结束打扫施工场地时，用后的残漆、废纸、线头、废砂纸等要及时清理，放置在垃圾箱内。

（二）喷漆车间通风机安全操作规程

（1）风机设备必须由专人负责开动和管理，其他人不得随意开动。

（2）操作人员在启动风机前必须检查电气设备正常后再启动。

（3）操作人员必须每天清除电动机及输气管道内的灰尘污垢，以防通道堵塞。

（4）风机在运转过程中，如果发现不正常现象应立即停机，将故障排除后再工作。

（三）溶剂和其他易燃物品的安全事项

（1）不允许在喷漆车间抽烟和点燃明火（如火柴、打火机等）。

（2）在存放易燃性液体的场地上，应对火源实施严格的监控。

（3）输送桶装溶剂时，要用专用泵通过桶上的孔抽送，不允许侧倒装运。抽送完毕，应将容器盖关紧。

（4）用散装容器运送易燃溶剂时，要特别小心。溶剂桶应接地，以防静电引起火灾。

（5）用于喷漆的漆料，必须存放在金属柜中（切勿用木柜）。

（6）喷漆时按下列程序进行：喷漆之前移开手提灯；打开通风系统；开启喷漆处场地光源；清除可燃残余物；油漆干燥时保持通风。

（7）切勿在蓄电池附近打磨，以防蓄电池放出的氢气爆炸。

（四）易燃物品的储存注意事项

（1）按可燃性不同参照有关法规分类储存。例如，按闪点不同，分为一、二、三级火灾危险品；有的国家以涂料的燃点分类：燃点低于 20 ℃为高度可燃性（如汽油）；燃点范围 22~32 ℃为可燃性；燃点大于 32 ℃已不属于高度可燃性液体，有的规定燃点在 55 ℃以上的产品标有"可燃物"的警示。

（2）储存地（漆库），应备有完善的防火及灭火设备，并在此区域内装设自动喷水系统，以提高对火灾的防护，漆库应具有良好的排风通风，换气每小时不应小于 20 次，可监视及连通空气的出入气流。

（3）在喷漆现场存放的漆料数量以足供一工作日的需求为限。厂房内最多可存放 50 L 的漆料和稀释剂，放置于防护材料箱柜内，并储放在合宜的地点。

（4）所有存放漆料和稀释剂的容器，除正在使用中外，均需保持紧盖。

（5）作为聚酯涂料固化剂的过氧化合物不可与其他物料共同存放，特别是硝基漆必须避免与抹布、硝基漆的干打磨灰屑及有机物质接触。

（五）废弃物的处理注意事项

（1）用过的脏抹布、棉纱、废纸或其他可燃物必须抛弃时应投入隔开有盖的金属容器内，并于每日工作完后或换班时清理出喷漆工场，或送往厂房外面的安全区，以避免其自燃。

（2）严禁向下水道倒易燃溶剂或涂料，应收集回收处理或送往锅炉房当燃料处理。

（3）喷漆室的废漆渣绝不可与其他产品混合并储存、深埋或当燃料处理。

（4）过氧化物的处理应绝对小心，以防引起火警。

（5）异氰酸硬化物的残渣需以砂、土或其他无化学变化的物质吸取后，置于密封的容器中。含异氰酸基的涂料和固化剂要废弃时，应先中和，用 90% 的水稀释，再用 8% 尿酸溶液及 2% 的洗衣粉中和。中和后应放置 24 h 以上，瓶盖应打开，如此产生物质变化，才不会污染环境。

（6）空的漆桶比装满油漆的桶更具爆炸的危险，绝不允许堆积在工厂内，必须每天处理。

（7）在搬运或喷漆过程中应尽量避免敲打、碰撞和摩擦等动作，开桶应使用非铁质的工具，不穿带钉子的工作鞋，以免产生火花或静电放电，引起着火燃烧。

二、个人安全防护

（一）呼吸系统的安全与保护

磨料的粉尘、腐蚀性溶液、溶剂蒸发的气体、喷漆时的漆雾均会给呼吸系统带来危害，即使在通风良好的环境下，操作者仍需要佩戴呼吸保护器。呼吸保护器包括三种：通风帽式（供气式）呼吸保护器、滤筒式呼吸保护器和防尘呼吸保护器。

1. 供气式呼吸保护器

这是一种能够防护吸入异氰酸酯蒸气和喷雾引起过敏的装置。供气式呼吸保护器由一台小型无油空气泵来提供帽盔式呼吸保护器的空气，空气泵的空气入口必须放在空气清洁、远离喷漆的地区。

2. 滤筒式呼吸保护器

当喷涂磁漆、硝基漆以及不含异氰酸酯固化剂的油漆时，可以佩戴滤筒式呼吸保护器，这种保护器由一个适应人的脸型并且具有密封作用的橡胶面具构成，包括可拆卸的前置过滤器和滤筒，可以滤除空气中的溶剂或喷雾，以及进气阀门与排气阀门，以保证呼吸顺畅。滤筒式过滤器的维护主要是保持清洁，当出现呼吸困难时应更换前置过滤器；每周更换一次滤筒；定期检查面罩，以保证良好的密封性能。

3. 防尘呼吸保护器

这类保护器可以防止打磨灰尘被吸入，只在打磨作业时佩戴。喷漆时，不得用它代替前两种保护器使用。

（二）人体其他部位的保护

1. 头部的保护

将长发扎起来，从事喷漆或其他修理作业时要始终佩戴安全帽。

2. 眼睛和脸部的保护

工厂各处都有飞扬的灰尘和碎屑，可能会伤及眼睛。操作磨轮、气凿和在车底下工作时均需戴防尘镜、护目镜或防护面具。

3. 耳朵的保护

敲打钢板时所产生的噪声，对人的听觉有不利的影响，重者会损伤耳膜，所以应戴耳塞。

4. 手的保护

为避免溶液、底漆及外层涂料对手的伤害，需佩戴安全手套操作。洗手时选用适合的清洁剂，千万不能用稀料洗手。

5. 脚的保护

在喷漆作业时，应穿带有金属脚尖衬垫和防滑的安全工作鞋，金属脚尖衬垫可以保护脚趾不被落下的物体砸伤。

6. 身体的保护

维修作业时应依照规定穿着工作服，在喷漆场地应穿清洁的修车工作服，这类工作服面料不起毛，不会影响漆面质量。脏的、被溶剂浸过的衣服会残留一些化学物质，会对皮肤产生影响，未经处理妥当不能穿上。工作服的上衣应是长袖的，工作裤要有足够的长度，能盖到鞋头为好。

三、安全防火技术

汽车修补涂装作业的火灾危险性大小和所使用的涂料种类、用量、涂装场所的条件等有关。爆炸与火灾事故的发生会造成生命财产的严重损失，影响生产的正常进行，因此从事涂装的单位及个人必须高度重视防火安全。

（一）易燃性溶剂的危害

火灾危险性随溶剂的种类与溶剂在涂料中含量的不同而异。衡量溶剂的爆炸危险性及易燃性可以从闪点、自燃点、蒸气密度、爆炸范围、挥发性、扩散性和沸点等溶剂特性来判断。

第一，闪点可燃性液体蒸气与空气形成可燃性混合气体，遇明火发生闪电式燃烧，这种现象称为闪燃，引起闪燃的最低温度称为闪点。在闪点以上，可燃性液体就容易着火，闪点在常温以下的液态物质，具有非常大的火灾危险性。根据闪点，可区分涂料和溶剂的火灾危险性等级，通常划分为以下 3 个等级：一级火灾危险品闪点在 21 ℃以下，极易着火；二级火灾危险品闪点在 21~70 ℃之间，易燃度一般；三级火灾危险品闪点在 70 ℃以上，难着火。

第二，自燃点不需借助火源，只需达到自发着火燃烧的最低温度即自行燃烧的温度称为自燃点，它比闪点温度高得多。

第三，蒸气密度易燃性溶剂的蒸气通常比空气重，有积聚在地面或低处的倾向。所以，换气口必须设置在接近地面处。

第四，爆炸范围由可燃性气体、蒸气与空气混合形成爆炸性混合气体，点火即可爆炸，由于可燃性气体、蒸气的种类不同，这种混合气体的成分和比例也不同。发生爆炸的最低浓度（用体积百分数表示）称为爆炸下限，最高浓度称为爆炸上限，在上限与下限之间都能产生爆炸，爆炸范围越宽，爆炸下限越低，危险性越大，为保证安全，易燃气体和蒸气的浓度控制在下限浓度的 25% 以下。除上述特性外，在考虑危险性时还应注意挥发性、扩散性和沸点。

（二）粉尘爆炸

有些颜料（如铝粉、有机颜料）、漆雾粉尘以及各种粉末涂料等属于易燃性粉末。当这些粉末在空气中形成一定浓度时，遇到明火就会发生爆炸和产生火灾。粉末颗粒相互摩擦或与其他表面摩擦会产生静电荷，在一定条件下积聚的电荷放电也会造成粉末着火或发生爆炸。因此，无论在调配粉末状涂料，还是在涂装过程中，均应严格控制工艺规程和操作方法，避免粉末的摩擦，防止高温、火花、明火、静电积聚及放电，以免发生爆炸事故。

（三）防火安全措施

汽车修补涂装时，一般采取以下防火措施。

第一，汽车修补涂装车间属于火灾危险区，需采取相应的消防措施，一般应设置在厂房的一侧，并用防火墙与其他车间隔开。

第二，汽车修补涂装车间的所有构件都应尽可能多地采用防火性能好的材料。

第三，所有的电气设备和开关均应有防爆装置，电源应设置在防火区以外。

第四，涂装车间的所有金属设备均应接地可靠，防止静电积聚和放电。

第五，涂装车间内严禁烟火，不能带火柴、打火机等火种进入车间。

第六，涂料应放置在远离工作区的地方，工作区最多保留一天的用量。

第七，擦过溶剂和涂料的棉纱、破布等应保管在专用的带盖铁箱中，并及时处理掉。

第八，禁止向下水道倾倒易燃溶剂和涂料。

第九，在涂装过程中应尽可能避免敲打、碰撞、冲击、摩擦等动作，以免产生火花或静电放电引起着火燃烧。

第十，喷漆需在专门的喷漆房内，喷漆房、烘干室等应符合防火安全技术要求。

四、防毒措施

（1）在施工过程中，当涂料散发出的有机溶剂超过允许含量时，吸入人体会对人的神经系统有刺激和破坏作用，长期吸入挥发性蒸气和接触溶剂，会引起慢性中毒。因此，车间内必须具有良好的通风、防毒、除尘等设备，力求降低空气中溶剂蒸气，减少有害气体对人体的伤害。

（2）饭前洗手，下班淋浴。不要在喷漆场所吃食物，操作后要用肥皂水洗脸，换衣服。喷漆完毕后可用木屑加肥皂水或软泥加洗衣粉等代替有机溶剂洗手，以减少对皮肤的刺激作用。

（3）若皮肤上沾有涂料，不要用苯擦洗，要用专用洗手膏、去污粉、肥皂及少量松香水等混合物擦洗，之后再用清水冲洗干净。

（4）在打磨含铅颜料的旧漆膜时，容易将粉尘吸入人体，引起慢性铅中毒，因此沾有粉尘时，应在工作完后立即冲洗干净。特别注意在施工含有大量铅的涂料时，不应采用喷涂工艺。

（5）聚氨酯漆中含有游离异氰酸根，氨固化环氧涂料用乙二胺、二乙烯三胺等，均能引起中毒，所以使用时一定要采取预防措施，防止吸入或与皮肤接触。

（6）操作人员要注意清洁卫生，每次工作完成后及时洗手，每天工作后应洗澡，工作服要勤换洗，经常更换失效口罩。

（7）在室外喷涂施工时，操作者最好站在上风向，以免吸入毒物。

（8）在喷涂室喷漆时，应安设排风扇或其他机械排风，同时要戴防毒面具操作，还可以采用水淋除涂料雾，进一步解决涂料雾对周围环境的影响。

（9）在大型物体内部（如客车、罐车、船舱等）喷漆时，必须佩戴防毒面具、橡胶手套、工作服、脚盖等防护用具。内部喷漆施工时间每次控制在 30~40 min，最长不超过 1 h 换人施工。

（10）控制喷漆场所有害气体浓度降到最高允许浓度以下。

（11）对于红丹防锈涂料等有毒性颜料的涂料品种（包括防污涂料），喷漆时要采用刷涂，不要喷涂，以免飞沫吸入呼吸道引起中毒。

第二章 汽车钣金常用设备及工具

使用设备和工具可以提高效率，完成一些能力之外的事情。本章主要介绍汽车钣金常用设备及工具，分别介绍了钣金常用工具和量具、钣金手动工具、焊接设备和车身维修设备。

第一节 钣金常用工具和量具

一、电动和风动工具

（一）手电钻

手电钻是以电为动力的手持式钻孔工具，电源电压一般为 220 V 和 360 V 两种，其尺寸规格有 3.6~13 mm 等若干种。手提式手电钻可钻厚度较大的金属板料，手枪式手电钻常用于钻较薄的板料，如图 2-1-1 所示。使用手电钻时，应注意用电安全，同时在钻孔过程中，应持牢手电钻。

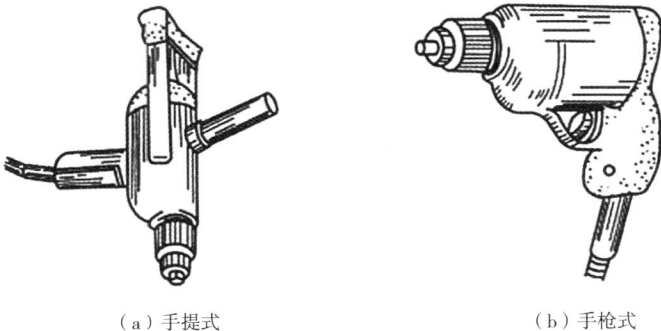

（a）手提式　　　　　　　　（b）手枪式

图 2-1-1　手电钻

（二）手提砂轮机

手提砂轮机主要用来磨削不易在固定砂轮机上磨削的零件，如发动机罩、驾驶室、翼子板及车身蒙皮等经过焊修的焊缝，可用手提砂轮机磨削平整。手提砂轮机有电动和风动两种类型，按砂轮直径分，常用的规格有 150 mm、80 mm、40 mm 三种，如图 2-1-2 所示，为手提电动砂轮机的基本结构。

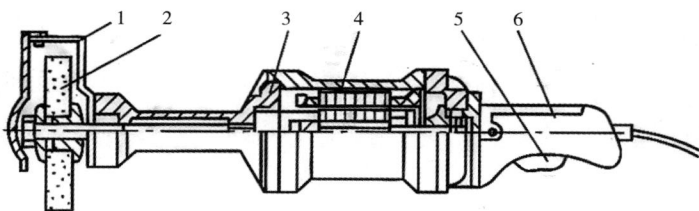

图 2-1-2　手提电动砂轮机结构

1. 护罩；2. 砂轮；3. 长端盖；4. 电动机；5. 开关；6. 手柄

（三）圆盘抛光机

圆盘抛光机有电动和风动两种，其主要用于轿车、大客车钣金件修理后的抛光。使用圆盘抛光机比徒手抛光效率虽然高得多，简便易行，但由于用研磨材料制成的抛光盘圆周速度极高，故要求抛光盘安装牢固可靠，同时要求操作者戴好安全眼镜和防护面罩。

正确的抛光方法如图 2-1-3（a）所示，使抛光盘的 1/3 表面与被加工表面接触研磨效果最好；当抛光盘与研磨面接触角度过大时，抛光盘仅有小部分与金属板发生强力研削，从而将留下粗糙的加工面，如图 2-1-3（b）所示；当抛光盘与研磨面平行接触时，因研磨阻力大造成动作不稳，并留下凹凸不平的加工面，如图 2-1-3（c）所示。

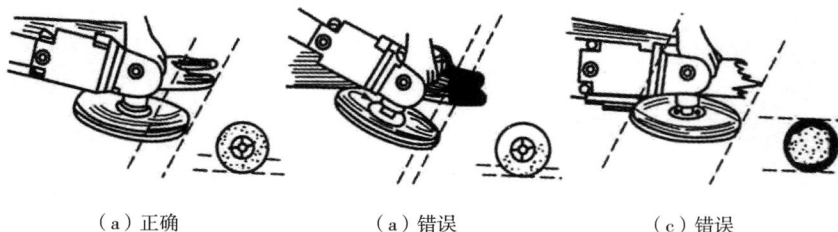

（a）正确　　　　　　　　（a）错误　　　　　　　　（c）错误

图 2-1-3　抛光盘与研磨面接触方法

（四）风动手提式振动剪

风动手提式振动剪简称风剪，特点是体积小、重量轻，操作灵活轻便，使用风动手提式振动剪剪板时，要将铁板略微垫起，使风动手提式振动剪前进时不受阻碍即可。其最大剪切厚度，普通热轧钢板可达 2 mm；铝板可达 2.5 mm；最小剪切曲率半径为 50 mm，功率为 0.21 kW，使用气压为 490 kPa。

二、常用量具

（一）游标卡尺

1. 用途

游标卡尺是一种能直接测量工件内外直径、宽度、长度或深度的量具。

2. 种类

按照测量功能可以分为普通游标卡尺、深度游标卡尺、带表卡尺等；按照读数值可以分为 0.01 mm、0.02 mm、0.10 mm 等几种，如图 2-1-4 所示。

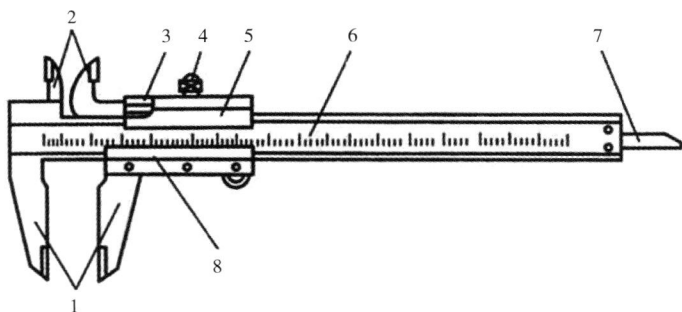

图 2-1-4　游标卡尺

1. 外量爪；2. 内量爪；3. 弹簧片；4. 紧固螺钉；5. 尺框；6. 尺身（主尺）；

7. 深度尺；8. 游标

3. 使用方法

第一步，使用前，先将工件被测表面和卡脚接触表面擦干净。第二步，测量工件外径时，将活动量爪向外移动，使两量爪间距大于工件外径，然后再慢慢地移动游标，使两量爪与工件接触，切忌硬卡硬拉，以免影响游标卡尺的精度和读数的准确性。第三步，测量工件内径时，将活动量爪内移动，使两量爪间距小于工件内径，然后再缓慢地向外移动游标，使两量爪与工件接触。第四步，测量时，应使游标卡尺与工件垂直，固定锁紧螺钉。测外径时，记下最小尺寸，测内径时，记下最大尺寸。第五步，用深度游标卡尺测量工件深度时，将固定量爪与工件被测表面平整接触，然后缓慢地移动游标，使量爪与工件接触。移动力不宜过大，以免硬压游标影响测量精度和读数的准确性。第六步，将游标卡尺擦拭干净，并涂一薄层工业凡士林，放入盒内存放，切忌折、重压。

4. 读数方法

第一步，读出游标零刻线所指示尺身上左边刻线的毫米数。第二步，观察游标上零刻线右边第几条刻线与尺身某一刻线对准，将游标上的读数乘以游标的精度，即为毫米小数值。第三步，将尺身上整数和游标上的小数值相加得被测工件的尺寸。计算公式如下：

$$工件尺寸 = 尺身整数 + 游标读数值 \times 游标精度$$

（二）游标深度尺

游标深度尺是用来测量工件的凹槽或不通孔深度的专用量具，构造如图 2-1-5 所示，刻度原理同游标卡尺，精度亦有 0.1 mm、0.05 mm 和 0.02 mm 之分。

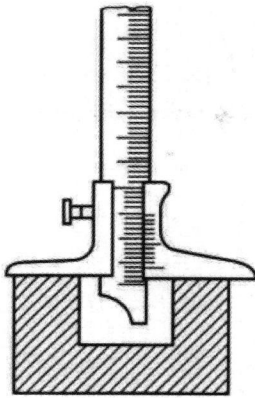

图 2-1-5　游标深度尺

（1）使用时，先松开固定螺钉，使底座紧贴槽或孔的表面。

（2）缓缓推动主尺使量面接近槽或孔底，读出尺寸。

（3）有精调装置时，先使主尺量面接近槽或孔底，再固定精调装置，拧动调整螺母使主尺微微移动，达到精确接触，最后读出尺寸。

（三）游标高度尺

1. 用途

游标高度尺可作测量工件高度尺寸和划线之用。

2. 结构

游标高度尺构造原理与读数方法同游标卡尺，由底座、主尺、框架、游标、精调装置、划线脚、测高脚和圆杆等组成，如图 2-1-6 所示。

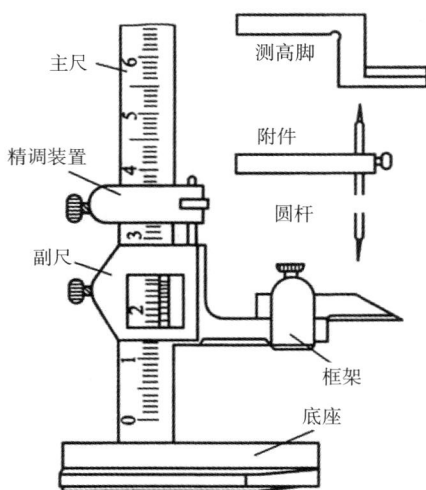

图 2-1-6　游标高度尺

3. 游标高度尺的使用方法

第一步，划线。先按基准面或基准线定好划线脚的高度，根据图纸尺寸调整划线脚划线。

第二步，测量高度。以基准面或基准线为准，将划线脚或测高脚精准地调整到需要测量的部位，读出尺寸。

第三步，测量底厚或孔的深度。测量时将圆杆与附件固定在框架内，圆杆尖端接触平台记下第一次尺寸数字，移动游标使圆杆伸入孔底，读出尺寸数字，两次数字相减即为底厚或孔的深度。

（四）万能角度尺

1. 结构特点

万能角度尺是用来测量精密零件内外角度或角度划线的角度量具。万能角度尺的读数机构如图 2-1-7 所示，由刻有基本角度刻线的尺座（由直尺、基尺和角尺组成）、固定在扇形板上的游标等组成。扇形板可在尺座上回转移动（有制动器），形成了和游标卡尺相似的游标读数机构。

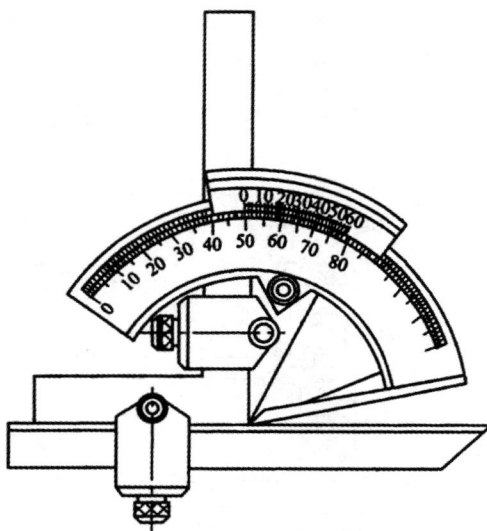

图 2-1-7　万能角度尺

万能角度尺由基尺、主尺、直尺、角尺各工作面构成，可测量 0°~320° 之间 4 个角度段内的任意度值。

万能角度尺尺座上的刻度线每格 1°。由于游标上刻有 30 格，所占的总角度为 29°，因此两者每格刻线的度数差是

$$1° - \frac{29°}{30} = \frac{1°}{30} = 2'$$

即万能角度尺的精度是 2′。

2. 读数方法

万能角度尺的读数方法与游标卡尺相同，先读出游标零线前的角度是几度，然后从游标上读出"分"的数值，两者相加为被测零件的角度数值。如图 2-1-8

所示读数为21°46′。

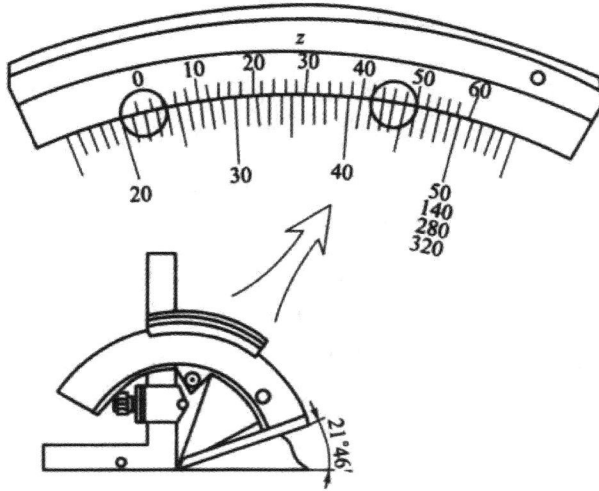

图 2-1-8　万能角度尺的读数

3. 使用方法

第一步，使用前应先将角度尺各组合件擦净。测量时需先校准零位，万能角度尺的零位是当角尺与直尺均装上，角尺的底边和基尺与直尺无间隙接触，这时主尺与游标的"0"线对准。调整好零位后，通过改变基尺、角尺及直尺的相互位置可测量0°～320°范围内的任意角。

第二步，使用过程中，有下列几种情况。

当测量0°～50°的角度时，把基尺组合，将工件直接放入基尺与直尺两个工作面间测量。

当测量50°～140°的角度时，把直尺连同直尺的卡块一同卸下，并紧固住卡块，将工件放置在角尺长工作面和基尺之间测量。

当测量140°～230°的角度时，将角度尺上移，移至长短边交点，到基尺旋转中心为止，将工件置于基尺与角尺短边工作面之间测量。

当测量230°～320°时，将角尺连同卡块全部卸下，将工件置于扇形板与基尺工作面之间测量。

第三步，使用后将角度尺擦干净，放入包装盒内。用万能角度尺测量零件角度时，应使基尺和零件角度的母线方向一致，且零件应与量角尺两个测量面的全长上接触良好，避免产生测量误差。

（五）水平仪

1. 水平仪的用途

水平仪一种测量小角度的常用量具，主要用于检验各种机床、相关设备导轨及平面的直线度、平面度和设备安装的水平性、垂直性。在机械行业和仪表制造中，用于测量相对于水平位置的倾斜角、机床类设备导轨的平面度和直线度、设备安装的水平位置和垂直位置等。在汽车车身修复过程中，用来检验钣金零件的平面度等。

2. 水平仪的分类

按水平仪的外形不同可分为框式水平仪和尺式水平仪；按水平器的固定方式可分为可调式水平仪和不可调式水平仪。

3. 水平仪的结构

水平仪的结构根据分类不同有所区别。框式水平仪一般由水平仪主体、横向水准器、绝热手把、主水准器、盖板和零位调整装置等零部件组成；尺式水平仪一般由水平仪主体、盖板、主水准器和零位调整装置等零部件构成。

4. 水平仪的工作原理

水平仪是以水准器作为测量和读数元件的一种量具。水准器是一个密封的玻璃管，内表面的纵断面为具有一定曲率半径的圆弧面。水准器的玻璃管内装有黏滞系数较小的液体，如酒精、乙醚及其混合体等，没有液体的部分通常叫作水准气泡。玻璃管内表面纵断面的曲率半径与分度值之间存在着一定的关系，根据这一关系即可测出被测平面的倾斜度。

5. 水平仪的使用方法

测量时使水平仪工作面紧贴在被测表面，待气泡完全静止后方可读数。水平仪的分度值是以 1 m 为基长的倾斜值，如需测量长度为 L 的实际倾斜可通过下式进行计算：

实际倾斜值＝分度值 $\times L \times$ 偏差格数

第二节　钣金手动工具

一、钣金锤

（一）钣金锤的用途与类型

车身维修中使用多种规格及样式的钣金锤（锤子），分别用于金属加工中的校正粗加工、精加工以及特殊用途。粗加工有重新定位和校直汽车车身、零部件的内部形状或车身加强件，把车身已经撞瘪的部分重新敲平。精加工通常指敲平粗加工后遗留的小凹坑，使表面平整。

1. 重头锤

金属粗加工时，用于平整金属表面，敲平焊点和焊缝，粗平很皱的金属面，以及初步校直质量较重的金属板。

2. 轻头锤

尺寸和形状与重头锤一样，质量较轻，通常用于金属精加工，车门处折边等。

3. 双圆头锤

轻型锤的一种，在车身维修中通常用于粗加工挡泥板、车门或柱杆顶部等，以及敲平车门的折边和校正定位夹等。

4. 短头风镐

风镐用于金属表面的精加工，敲平粗加工后留下的小凹坑，从而使表面平整。风镐一头为圆形，另一头为尖形，用在前挡泥板等这些操作困难的部位，进行轻度的凿、金属加工以及收缩金属面。

5. 长头风镐

长头风稿一头为长的圆形尖头，另一头为圆形平头，主要用于薄钢板粗加工后的校直工作和精加工时凿平局部的小凹点等工作。长头风镐严禁在金属粗加工中使用。

6. 直凿风镐

直凿风镐用于修理挡泥板，复原轮缘、饰条、大灯内框和发动机盖等，尤其是在车身板件安装和条形结构件的焊接过程中手工修整板件的边缘和做凸缘时常用到该工具。

7. 弯凿头镐

弯凿风镐用于对车轮轮缘、装饰件、挡泥板凸缘及柱杆顶部外缘等处的有棱角区域校直和精加工，还能够用于修平那些被车身的支撑件或框架构件所遮挡的凹陷。

8. 长镐

长镐的尖形头非常长，常用于加工挡泥板、车门的后顶盖侧板上的凸起。

9. 曲面轻击锤

曲面轻锤击用于拉直和校正凹陷曲面，如挡泥板、前照灯、车门及后顶盖侧板的凹陷等。

10. 挡泥板专用锤

挡泥板专用锤是专门用于粗加工某些高隆起的金属面，如挡泥板，还能够用于加工那些只有长锤头才能达到的加强件。同时，也能够与重型斧锤、大铁锤配合使用，粗加工车门槛板、轮罩、围板、后顶盖侧板和严重撞伤的保险杠横梁等。

11. 尖锤

尖锤能够用于校直直角的车架元件、保险杠、保险杠托架等直条状结构件。

12. 圆头锤（球头锤）

球形锤头有多种质量和尺寸规格，用于敲击和校正金属部件，以及敲平伽钉的头部。圆形平面锤头能用于所有的手工钣金加工。

13. 铁锤

铁锤的质量和体积大，常用于进行大强度的钣金工，如用于校正和拉直质量较大的车身内部结构，以及校正架、横梁、重型车身和保险杆支撑、支架等。

（二）钣金锤的基本使用技能

（1）应依据被修整部位的变形情况及材质特点，选用不同的钣金作业锤。例如，薄板件和有色金属工件，应选择铜锤、木槌、硬质橡胶锤进行锤击；维修钣金件小凹陷，可使用风镐（见图 2-2-1）逐个轻微敲击来修平这些微小的凹陷。

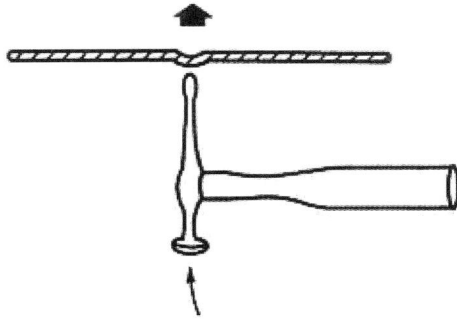

图 2-2-1　风镐修平微小凹陷

（2）钣金锤的正确使用方法如图 2-2-2 所示。用手略微握住钣金锤手柄的端部（相当于手柄全长的 1/4 位置），锤柄下面的食指中指应适度放松，小指和无名指则应相对紧一些，让它形成一个点，拇指用来控制锤柄向下运动的力度，通过依靠手腕的动作来动锤子，并且利用钣金锤敲击零件时产生的回弹力沿一个圆形的运动轨迹来敲击，这样能更好地控制锤子。严禁像钉钉子那样让锤子沿直线轨迹运动，也不得用手臂或肩部的力量。

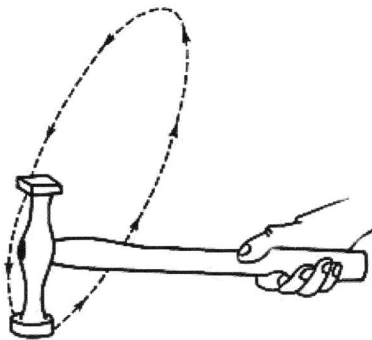

图 2-2-2　钣金锤的正确使用

（3）因为几次猛烈敲击对金属造成的延展比多次轻微敲击对金属造成的延展还要多，所以每分钟以 100~120 次的频率施行轻微敲击可以将延展变形控制在最小范围内。

（4）锤击作业质量的关键在于落点的选择，通常应遵循"先大后小、先强后弱"的原则，从变形较大处起按顺序敲打，并确保锤头以平面落在金属表面上。

同时，还要注意分析构件的结构强度，有序排列钣金锤的落点，锤击过程中确保间隔均匀、排列有序，直到将车身覆盖件的表面损伤修平。

（5）大多数锤子端部均有稍许的曲面，锤子端部与金属的实际接触面积只有直径为 10~13 mm 的面积。因此，应依据构件表面形状、金属板厚度以及变形的大小，来合理选择钣金锤的尺寸和锤顶曲面的隆起高度。通常平面或稍许曲面的钣金锤适合修复平面或低幅度隆起表面；凹形或球形锤适合修复内边曲面板；重锤则适用于粗加工或厚板构件的修复。

二、顶铁

（一）顶铁的用途与类型

顶铁由高强度钢制成，和铁砧一样用在粗加工和锤击加工中，能够用手握持顶在被敲击金属板的背面。如果用锤敲击板件正面时，顶铁会产生反弹力，每次敲击后，应重新定位，这样通过锤和顶铁的配合工作使凸起的部位下降，使低凹的部位隆起。

因为板件的结构和形状不同，所以需要使用多种形状的顶铁。每一种形状的顶铁只适于某些特定形状的工作件。常见的顶铁有高隆起、中隆起、低隆起、平凸起和几种隆起组合在一同的组合顶铁。

1. 通用顶铁

通用顶铁有多种隆起，能够用于粗加工挡泥板的隆起部分和车身的不同曲面；校正挡泥板凸缘、装饰条和轮缘；收缩平的金属面与隆起的金属面；修正焊接区等。

2. 低隆起顶铁

由于低隆起顶铁的质量大，很容易控制在平面金属板上，因此常用于使金属板减薄和使薄的金属板收缩。能够用于对车门内侧、发动机罩、挡泥板的平面和隆起面以及柱杆顶部进行钣金加工。

3. 足跟形顶铁

足跟形顶铁用于在板件上形成较大形状的凸起，校直高隆起或低隆起的金属板、长形结构件和平面板件。

4. 足尖形顶铁

这是一种专门设计的组合平面顶铁，既能用于收缩车门板、挡泥板裙板、柱杆顶部和汽车各种盖板，也能在挡泥板的底部形成卷边和凸缘。该顶铁尤其适合于粗加工金属板件，因为它的一个面非常平另外一面微微隆起。需要注意的是，使用该顶铁时，不应过度锤击。

工作时，所选用顶铁隆起的直径应比加工件的隆起直径稍小，以具有铁锤的三倍重量为适当。顶铁的工作面应保持光滑、干净，不得存在油污、涂料以及毛刺，否则会降低加工质量。

（二）顶铁的基本使用技能

顶铁在钣金修平作业中发挥很大作用，凡是便于放入顶铁的部位，车身壁板表面发生的凹凸变形，都可用钣金顶铁予以修整。在粗加工过程中，钣金顶铁就是一个敲击工具，顶铁敲击或压迫损伤车身覆盖件的内面，顶起金属板的内面且展平弯曲变形的金属。在精加工过程中，钣金顶铁能够用于平滑较小或较浅的不平。另外，钣金顶铁还可以视需要延展金属和消除内应力。

在所有敲打与拉展的操作中，应将顶铁置于受损板件的内面，用前臂对其施加压力使其抵在金属的内表面上（图2-2-3）。敲击时，顶铁发挥了铁砧的作用。

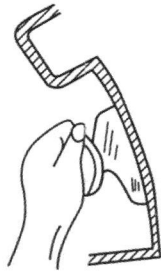

图2-2-3 顶铁的正确使用

选取顶铁时，要选择一个工作表面必须和所修正的钣金形状基本一致（即半径与要修理的金属板件的曲面同样大或略小）的顶铁，否则会造成新的损坏。

依顶铁与钣金锤的相对作用位置，可分为钣金锤与顶铁错位敲击（偏托）及钣金锤与顶铁正对敲击（正托）两种操作方法（图2-2-4）。

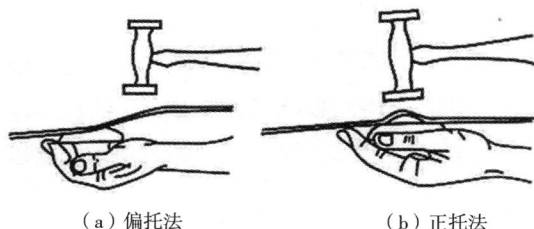

（a）偏托法　　　　　　　　（b）正托法

图 2-2-4　顶铁与钣金锤的相对作用位置

（1）偏托法操作要领是在操作时，将顶铁放在金属板背面的最低处，钣金锤则在另一面锤击变形的最高处，锤击时顶铁也用作敲击工具。

当修整金属板件凹陷部位时，将顶铁直接抵在凹陷中心的下方，一同使用两把钣金锤敲击凹陷的边缘和高出的区域，直至凹陷部位升起，与周围的板件平齐。这种偏托法操作能够避免修复过程中的受力不均。很小的压痕、很浅的起伏、轻微的皱褶均能够用这种方式拉伸，并且不会损坏漆层。

（2）正托法操作要领，正托法的目的是使钣金件表面回复到原来的形状，这种钣金操作对于修复隆板及平整较小的凸起十分有效。操作时，将顶铁直接放在金属板背面凸起部位，用钣金锤在另一面直接敲击变形部位，选择端面合适的顶铁紧贴于小凹凸的背面，用平锤轻轻锤击金属表面的凸起或小凹陷的周围，使板类构件表面变得更加光滑、平整。选择的顶铁端面形状应和被修正壁板的表面相当，顶铁的工作面也应和变形相当。

这种使用钣金顶铁的操作方法也称为"紧贴法"。"紧贴法"修平，钣金锤的落点必须与顶铁的工作面重合，实现点对点地———对应，顶铁总是贴紧在修正面上，即顶铁面与锤击部位准确对应，以免因"打空"破坏趋向平整的构件表面。

正托法敲平容易使金属延展变形，这是由于当金属板在敲平过程中过度承受锤击，受锤击部位的金属就会变薄且面积变大，因为这块金属被周围没有受到锤击的金属紧紧包围着，无法向任何方向扩张，多出的金属别无选择只有向上或向下移动，所以正托法常用来修平钣金件和延展金属。必要时需进行收缩操作以消除金属的延伸变形。

偏托法因为手锤击打的是板料的正面凸起处，顶铁击打的是板料背面的凹陷处，所以不易造成金属延展变形，常用来在精修前粗加工过程中局部变形的校正，校正钣金件的较大变形。

使用钣金锤、木槌或尼龙锤锤击大凹陷周围产生的隆起变形时，应"深入浅出"地从最大凹凸变形处开始敲平，敲平作业的工序过程如图 2-2-5 所示。同时，还能够使用足跟状顶铁、指状顶铁、楔形顶铁等进行拉伸平坦或接近平坦的金属表面，校正低的凹陷，进行收缩作业。

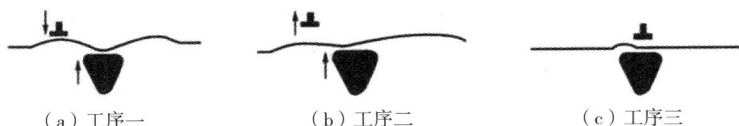

（a）工序一　　　　（b）工序二　　　　（c）工序三

图 2-2-5　大凹陷的修复

三、撬镐和冲头

（一）撬镐和冲头的用途与类型

当损坏的车身板件已经通过校正、拉直等粗加工后，如果表面仍存在一些小的不规则麻点或小凹点，且用常规的工具（如镐锤）无法去除时，就应选用撬镐和冲头进行精加工。

1. 撬镐

撬镐适用于钣金面的内侧等狭窄顶铁较难伸入的部位，能伸入狭小的空间内，撬起小的凹痕和沟缝。撬镐常用来消除车门、侧围板和其他封闭断面上的小凹痕。

小弧度撬镐端部是一个小弧度的镐头，U 形端是把手，用在车门、车门槛板和后顶盖侧板等处。使用时，将撬镐通过板件上的孔穿入结构内部，让镐头对准板件上小的凹点，在手把上用力撬就行。

大弧度撬镐和小弧度撬镐虽然形状相似，但镐头长，用在需要较长镐头方能达到凹痕的情况下。

2. 冲头

弯头精修冲用在通常工具较难达到、需要弯曲工具才能触及的地方，如车门立柱、顶盖横杆、车门板的外侧部位及车门槛板等；钩头精修冲用于能够在板件损坏部位附近打孔，使钩头精修冲塞入的部位，把车门窗框处板件和后备厢板件凹陷的地方撬起。

（二）撬镐和冲头的基本使用技能

撬镐和冲头用于撬起因为内部结构件的干涉无法用常用的敲击方法修复损坏区域。

首先，用冲头在内部结构件上适当部位冲出孔，以利于使用撬镐和在敲平中调整接触部位。其次，把撬镐或冲头直接插入到板件下部，通过撬镐的头部将合适大小的突出点撬起。因为撬杠要比冲头长一些，能伸及的范围也要大一些，所以通常用于撬起内部板件总成上的凹陷，冲头被用于修理车身板件的外部和边缘。

四、修平刀

（一）修平刀的用途与类型

修平刀多用于抛光表面。修平刀能够把敲打力分布到一个较大的区域上，从而快速把隆起敲平，并且不损坏板件的其他部位，操作时与锤子配合使用，把修平刀直接置于隆起表面处，用锤子敲打修平刀就行，如图2-2-6所示，平直表面把敲打力分布在宽的表面上，可使被光整表面的皱褶和凸起修平。修平刀也用于敲平操作空间有限部位的小凹痕，在结构的内、外板件之间，操作空间有限，无法选用普通顶铁的情况下用作顶铁。

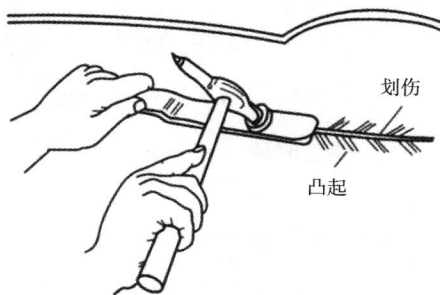

图2-2-6 修平刀的使用

修平刀一般能够分为三类：专用修平刀、冲击修平刀和成形修平刀。修平刀的工作面应保持光滑和清洁，为防止在油漆面上留下痕迹，在修平刀和加工板件表面贴上胶带或透明胶后再进行操作。

（二）修平刀的基本使用技能

对于很难放入顶铁的弧形凹陷，需要按照图 2-2-7 所示的方案，使用修平刀修复，将修平刀插入并且抵住凹陷部位，用木槌或尼龙锤锤击凹陷周围的隆起，使变形逐渐减弱，甚至用修平刀将凹陷板面直接顶起，当修平到一定程度时，再改用金属锤对变形进一步修整。修平刀在形状上要求和修正表面相近，工作面的宽度需大一些。修平刀在粗平过程中主要起支撑作用，接触面积过小非常容易使金属表面留下印痕。

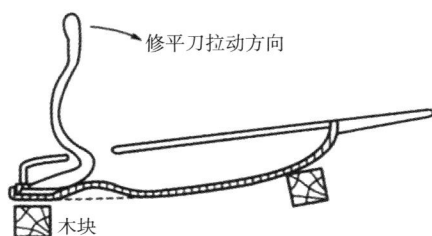

图 2-2-7　修平刀粗平车门（一）

如图 2-2-7 所示，用两块木块支撑车门和它的外边，使车门外侧的面板和地面悬空，按图示的方法用修平刀撬动，将向内凹的部分弹回至正常位置，当车身板件初步整形后，再按图 2-2-8 所示的方法，用修平刀的平面配合敲击进行正托或偏托锤击，借助修平刀和锤将车门面板修平。这种方法对车门施加压力时，车门外板不至于抵到地板上，确保车门板件具有充足的移动和回弹空间，用修平刀撬起受损的侧板、后面板及其他有内部结构件加强板件上有弹性的损坏区域。

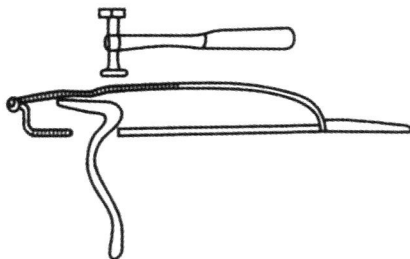

图 2-2-8　修平刀粗平车门（二）

运用修平刀修平操作时，应注意敲击力度的控制。与顶铁法相比，修平刀法的锤击力度要相对小一些，在轻轻敲击的过程中还应尤其注意顶贴位置和锤击部位的变化情况。同时，运用修平刀还应注意支点的选择，避免以车身的某些薄弱环节作支撑，必要时应垫上木板以免造成支点变形。

五、嵌缝凿

嵌缝凿的种类如图 2-2-9 所示。嵌缝凿与球头锤配合使用，在车身板件和车架上重新形成凸缘、凸起、直线边缘和弯折等。

图 2-2-9　嵌缝凿

六、锉刀

（一）锉刀的用途与类型

车身锉刀是用于修整锤、顶铁、修平刀等钣金工具作业遗留凸凹不平痕迹的钣金专用工具。它与锉削金属件的通常锉刀是有区别的，车身锉刀只与凸起金属材料接触，适用于对加工后较粗糙的表面进行光洁处理作业。此外，利用车身锉刀还能够检验钣金平面修复是否平整，撞伤板件被粗加工后，可略微地使用车身锉刀，目的不是理掉金属，是通过锉痕找出凹凸处的位置，显露板件上需要再加以锤击的小凸点和凹点，以便于再用手锤和顶铁来修复使其平整。经锉刀加工后，再进行砂轮的最终打磨，就能够完成金属精加工的全部工作。

1. 柔性车身锉

撞伤板件粗加工与校正工作完毕后，能够用柔性车身锉使板件上任何需加工的凹凸点显露出来。不管板面是平面还是凹凸面，柔性把柄均能够调整锉片的弯曲度，让锉的形状更好地配合板面的形状，但是不得让锉片过度弯曲，防止把锉片折断。调整锉片前，需先松开把柄上的固定螺钉，调整完毕后应拧紧。

2. 固定式锉刀

该锉刀是锉平金属板的理想工具。

3. 弧形锉

也称为曲面锉，用于修整尖的隆起面、折边及装饰条的平直程度。

注意：严禁使用锉刀去撬或击打，由于锉刀所用的钢较硬，非常容易被击碎。

（二）锉刀的基本使用技能

（1）敲平作业过程中，虽然对略微大一点的凹凸检查起来比较直观，但当作业接近完毕时，就需要借助锉刀来查找不平部位。使用锉刀的目的在于检验而非将板面修平，意在通过锉刀划过时产生的痕迹（俗称篙一下），来体现板面的实际凹凸状况，最后用平锤或风镐等工具修平。

（2）在锉的过程中，需握住手柄向前推，用手握住锉的头部，以便控制压力的大小及方向，每次锉的行程应尽可能地拉长，从未损坏区的一边开始理，然后穿过损坏区，直至未损坏区的另一边。采用这种方法时，未损坏区和损坏区的正确平面均可以得到保持。锉削开始时，锉刀的前端起作用，然后使锉齿的锉削作用移至中间或尾端，形成一个工作行程，使锉齿从前端到尾端均有锉削作用，行程要长有规律，不可短杂乱。在返回的途中，用手柄将车身锉从金属上拉回。

（3）使用车身钣金锉刀作业时，要成一合适的角度，不能顺着锉刀直行前进，若顺着锉刀直进的话，会把钣金面锉出凹痕。只轻轻加压力于锉刀上推锉即可，过大的压力将使锉过分切削金属面，但是也需要有合适的压力以防止锉刀跳动。

（4）检查弧形板面时，最好使用可调柔性锉，当这种类型的柔性锉压到弧形板面上时，可通过调整使两端留有一定间隙，使操作更加便捷。

（5）当锉一个很平坦部位的时候，可以将锉和推进方向成30°角水平地推，也可以将锉平放、沿着30°斜角的方向推。

（6）在隆起的金属板上，需将锉平放，并沿着变平的凸起处平推，或是沿着凸起处最平坦的方向平放，以30°或更小的角度往一边推。

第三节　焊接设备

一、电焊机

1. 分类

电焊机是电焊的主要设备。根据提供电流的种类，电焊机又分为交流电焊机与直流电焊机两类。

2. 结构特点

（1）交流电焊机。交流电焊机实际上是一种特殊的降压变压器。它结构简单、价格便宜、性能可靠、维护方便，因此适用范围广泛，目前交流电焊机的型号虽然很多，但基本原理相同。交流电焊机的缺点为在电弧稳定性方面有些不足。

（2）直流电焊机。直流电焊机由一台三相感应电动机与一台直流电发电机组成，特点是可以得到稳定的直流电。因此，引弧容易，电弧稳定，焊接质量较好。需要注意的是，这类电焊机结构复杂多样，维修比较困难，使用时噪声大，并且价格较贵。

3. 电焊机的附件

电焊机的附件包括电焊软线、焊钳、防护面罩和手套等。

（1）电焊软线。电焊软线用来连接电焊机与焊件、焊钳。它是由紫铜线扭成芯线，外包胶皮绝缘。

（2）焊钳。焊钳的作用是夹持电焊条和传导电流，因此必须有良好的导电性，并要求绝缘性好、重量轻，长期使用不发热。常用的焊钳规格有 300 A 与 500 A 两种。

（3）防护面罩。防护面罩用来遮挡飞溅的金属和电弧中有害的光线，保护焊工的眼睛与面部。常用的防护面罩有两种，即手握式与头戴式。面罩上的护目玻璃片用来减少电弧光的强度，过滤红外线和紫外线，为了避免护目玻璃片被飞溅金属损坏，必须在护目玻璃片前另外装普通玻璃片。

（4）手套。手套用皮革制成，用来保护焊工双手不受飞溅物及弧光的损害，有绝缘电阻和隔热作用。

二、气焊设备及其管路系统

常用的气焊是利用乙炔和氧混合燃烧产生高温火焰焊接金属的工艺方法。这种气焊由于设备简单、搬运方便，适宜焊接较薄的钣金件，在汽车修理中应用广泛。

气焊设备及其管路系统如图 2-3-1 所示。其中，氧气瓶主要供给焊炬火焰燃烧所需的氧气；乙炔发生器供给乙炔；减压器和回火保险器为保障焊炬火焰正常燃烧，防止回火气体蔓延乙炔发生器，引起事故。

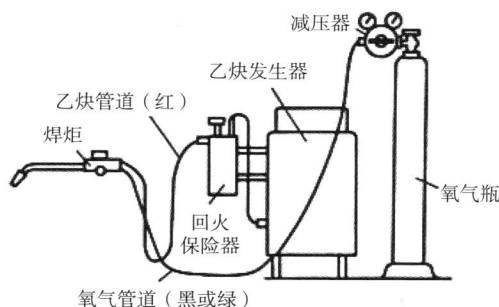

图 2-3-1　气焊设备及其连接

三、氧气瓶

氧气瓶是专为储存和运输氧气用的钢瓶，包括瓶体、气瓶开关、保护罩等部分。

四、减压器

减压器的工作原理及构造如图 2-3-2 所示，这是一种反作用式压力调节器。工作时，应顺时针方向旋转调整螺钉，使主弹簧压缩，并将橡胶膜向上推，这样可使橡胶膜上的传动杆上移，将气门顶开，进气接头来的氧气从高压室通过气门进入低压室，且体积增大压力变小后，从出气接头的出口流出。这时橡胶膜受到上下两个相反方向力的作用，当这两个力大小相等时，橡胶膜就不动了。此时高压表指示氧气瓶内的氧气压力；低压表指示供给焊炬的氧气压力。

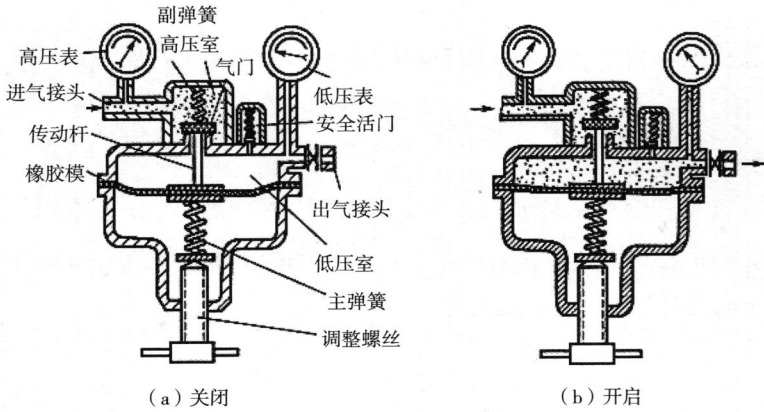

图 2-3-2　减压器的工作原理及构造

（a）关闭　　　　　　　　（b）开启

五、乙炔发生器

1. 乙炔发生器的分类、性能及结构

乙炔发生器是制备和储存乙炔的设备。乙炔发生器的种类很多，一般将工作压力在 10 kPa 以下的乙炔发生器称为低压乙炔发生器；工作压力为 10~100 kPa 的乙炔发生器称为中压乙炔发生器；工作压力为 100~150 kPa 的乙炔发生器称为高压乙炔发生器。

2. 乙炔发生器的使用和维护

乙炔是极易燃烧和爆炸的气体，因此乙炔发生器的使用和维护，重点要做好防火防爆工作。

（1）乙炔发生器放置地点应距离气焊工作（或明火）地点 10 m 以上，如果气焊工作间狭窄，发生器必须安置在室外或另一个无明火的工作室内。

（2）发生器内的水温禁止超过 60 ℃，当水的温度超过上述规定时，应降低乙炔产气量；当发气室温度为 80 ℃ 以上时，用冷水喷射降温；加入发生器的水必须洁净，无油脂和杂质。

（3）每天工作开始前，检查一次回火防止器、储气室和发气室的水位，如果工作中发生过回火现象，每次工作前都应检查。

（4）严禁使用没有回火防止器的发生器。

（5）电石一次加入量和电石允许粒度必须达到发生器说明书的规定。

（6）发气室必须依据工作情况清洗换水，连续工作最好每天清洗一次；回火防止器、储气室每月至少清洗一次。如果发生器使用后需要搁置一个时期再行使用的话，应将各部位所有存水都放掉，清洗并擦干，以防腐蚀。

（7）冬季需做好防冻工作，常用的方法如下。

一是在发生器外部包裹保温棉套，水阀和输气管用石棉绳缠绕保温。

二是发生器工作完毕后将各部位水放出，如果在室外较长时间停止工作时，也应放水。

三是使用时在发生器（如回火防止器）内加入温水。

四是在回火防止器和储气室内加入防冻液，在发气室内加入少量食盐（氯化钠），以降低冰点。

（8）乙炔发生器内部如已结冰，只能用热水、蒸汽加温或置于温暖的室内逐渐溶解。绝对严禁用明火或烧红的金属加温，也不能用铁棒敲打冰块，以免爆炸。

（9）防爆膜的更换。防爆膜供乙炔发生器压力超高或爆炸时泄压用，其截面积应确保设备在最大负荷时的全部气体得以排出。防爆膜必须选择与乙炔不起作用，且破裂时不产生火花的材料制造，如锡、铝、铅、橡胶等，禁止采用铁皮、铜皮。防爆膜损坏时必须选择与原膜同牌号、同厚度的材料制作。

（10）乙炔管道的安装。由乙炔发生器到气焊工作间的乙炔管道采用无缝钢管（或不锈钢管）制作，严禁使用铜导管。管道连接采用焊缝连接，仅在连接乙炔发生设备时使用螺纹连接。乙炔管道的安装必须可靠地接地，不得敷设在火炉或表面炽热的器具旁。管道可用石棉灰保温，保温层厚度通常为 25~30 mm，当干燥后再抹上一层白灰，用纸带或粗麻布裹起来，表面涂白漆。在焊接工作间，乙炔管道和氧气管道沿同一墙或公用支柱敷设时，必须分别支撑且上下排列，管道间距应不小于 250 mm，且乙炔管道应在其他管道之上。

六、焊炬

1.选择焊嘴

一般依据工件厚度和材料种类选择焊嘴的号码。如果工件厚度大，则选用号码大的焊嘴，如铝合金气焊。当工件厚度为 1.5~3.0 mm 时，选择 1~2 号焊嘴；厚度为 3.1~5.0 mm 时，选择 2~3 号焊嘴；厚度小于 1.5 mm 时，选择 1 号焊嘴；厚度大于 5.0 mm 时，选择 3~5 号焊嘴。

2. 检查焊炬的技术状态

（1）检查漏气。将焊炬接上乙炔与氧气胶管，当氧气和乙炔开关关闭时，将焊嘴放入水中，然后分别通入氧气和乙炔，看水中有无气泡，如果无气泡，则证明密封性良好。

（2）观察喷射情况。接上氧气管同时调节氧气压力在 1~4 kPa 位置，打开焊炬上的氧气开关，此时用手指堵在乙炔接管嘴口上，如果感到内部吸力很大，则表示焊炬正常。

3. 点火后调节火焰的大小和形状

点火时，先略开氧气阀门，再打开乙炔阀门，随后点燃火焰，此时的火焰是碳化焰。然后，逐渐开大氧气阀门，将碳化焰调整成中性焰，同时检查调节开关是否灵活。灭火时，应先关乙炔阀门，再关氧气阀门。

4. 防止回火

回火就是火焰从焊炬的焊嘴向乙炔管内倒回燃烧。它是由于当焊嘴出口混合气体的压力大于焊枪内混合气体压力，或火焰燃烧速度快于混合气体流出速度时，产生的不正常燃烧现象。

5. 检查各气体通道

禁止有漏气现象，并确定通道禁止沾染油脂。

第四节　车身维修设备

一、校正用液压千斤顶

液压千斤顶是一种较简单实用的车身校正机具，结构主要由液压油缸、手泵摇柄、延伸套筒、柱塞等组成，如图 2-4-1 所示为校正用的手动液压千斤顶。

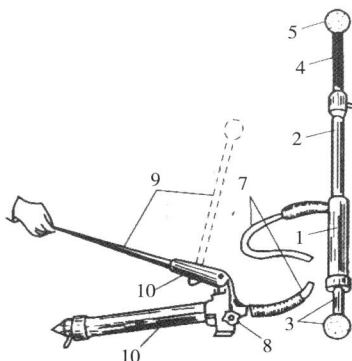

图 2-4-1　校正用液压千斤顶

1. 液压油缸；2. 延伸套筒；3、5. 橡胶球头；4. 柱塞杆；6. 手泵；7. 软管；
8. 手泵空气阀；9. 手柄；10. 摇臂

使用时，液压千斤顶的一个端头支于坚固的基础上，另一柱塞杆端头支撑于变形部位，然后摇动手柄，使柱塞杆在液力的作用下伸长，达到校正歪斜车身部件的目的。

二、移动式车身校正机

1. 结构及功用

移动式车身校正机是一套可以对轿车或轻型车车架、车身的损坏变形部位，边加热、边拉拔、边测量，使其恢复原来技术尺寸的设备。移动式车身校正机的基本结构是由整形床台、拉力校正器、测量装置和附件四部分组成。

（1）整形床台。如图 2-4-2 所示，是用于承载和固定维修车辆，安装拉力校正器及测量的装置。整个整形床台不需拆装任何零件，无论车辆是否装有车轮，只需将车辆沿着活动式的车道引导板推上架，把车身夹固钳移至适当位置，缓缓升高整形床，让车身底架边缘凸榄落入车身夹固钳，拧紧 4 个大螺母，就能进行拉拔整形修复作业。

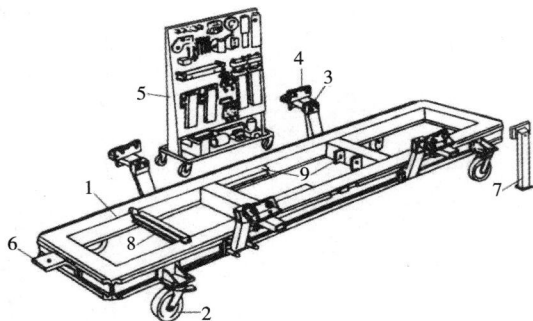

图 2-4-2   整形床台

1.基架；2.滚轮；3.支架；4.车身夹固钳；5.附件箱；6.支承板；

7.支腿；8.横梁；9.举升连接装置

（2）拉力校正器。它的功能是利用一个 10 t 级液压缸产生的推力推动悬臂梁，然后由悬臂梁带动与车身相关部位相接的链条，对车架或车身的变形部位进行拉拔，使车身恢复原来尺寸，其结构如图 2-4-3 所示。

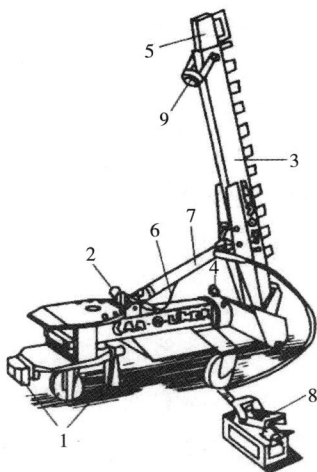

图 2-4-3   拉力校正器

1.锁紧装置；2.枢轴；3.悬臂梁；4.铁栓桩；5.延伸臂；6.保险绳；

7.液压缸；8.脚踏泵；9.链条卡环

拉力校正器可以通过锁紧装置固定在整形床台基架边框的任一位置上，以满足不同部位整形的需要。液压缸两端分别与悬臂梁及法兰盘相连，枢轴可沿法兰盘转动并且通过铁栓桩固定在所需的位置上。悬臂梁上部加设一节延伸臂被链条卡环，下部通过铁栓桩固定于横梁上。工作时，将链条端用支承爪固定在变形部位，另外一端拴在延伸臂的链条卡环上，开启泵直接拉拔，也可以通过滑轮铁桩或螺旋顶杆进行不同方向的拉拔。

为限制悬臂梁向外运动的幅度，在悬臂梁和液压缸柱塞的顶部之间连接有保险绳，防止拉力超限，加重车身损坏。

（3）测量装置。用于测量车身或车架上某两点间的距离，分别是长、宽、高三个方向上的尺寸，并与原车规格尺寸相比较，用来评价被测部位的变形或校正情况，其结构如图2-4-4所示。

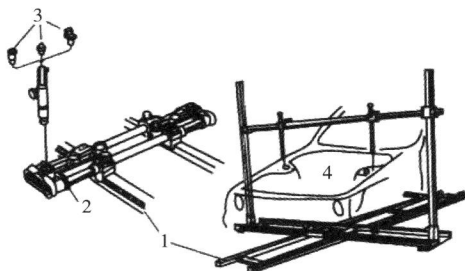

图 2-4-4　测量装置

1.测量桥；2.测量滑座；3.测量接头；4.车身上部测量装置

测量桥主要由两根带有刻度的铝合金梁组成，把它固定在整形床台基架上，能够进行长度尺寸的测量。在测量桥上，有两个能够自由滑动的测量滑座，利用它可进行宽度的测量。滑座的每端有三个插孔，用于装入套管，在套管上通过安装不同形式的测量接头，可对各种锥面在垂直方向上的尺寸进行测量。车身上部测量装置则是用于对车身上部，如发动机盖、车厢顶部某点的尺寸进行测量。

（4）附件。主要是安装测量时所需的各种夹具测量头等辅助设备。另外，还有一套数据卡片，在卡片上，记录了各种车型的车身（车架）的主要结构尺寸；安装定位基准、测量基准的位置；安装车型所需的特殊夹具和测量时所需的测量接头。

2.使用方法

在操作使用时，按下列步骤进行。

（1）依据所修车辆的厂牌型号、出厂日期找出相对应的数据卡片，查找车架的结构尺寸，准备好相应的夹具和测量接头，然后用粉笔在车上画出安装基准位置。

（2）将车辆冲洗干净后，放在整形床台基架上，用整形床台的夹固钳夹住车身的底梁边缘，拧紧螺栓，使其固定在整形床台上，这时应尽量使车辆的中心线与整形床台中心线保持一致。

（3）目测判断车身（车架）变形的部位和大小，在未变形的部位，最少选择三个相距较远的点来确定车辆的中心线位置。

（4）将测量桥放在整形床台基架上，使其中心线与车身（车架）中心线对齐。

（5）依据车架的宽度选择相应量程的测量滑座放在测量桥上，并锁止在变形部位所对应的位置上，再加套管插入滑座的插孔中间，接上相应的测量接头。

（6）将测量接头与变形部位相接，读出此时测量桥滑座、套管上所示的读数，将其与数据卡片上所标注的数值相比，就能确定出测量点在长、宽、高三个方向上的形变大小。

（7）将拉力校正器固定在基架的边框上，用链条将需要校正的部位与悬臂梁相连，启动液压缸，通过柱塞推动悬臂梁拉动链条就能够将凹陷变形部位拉伸到原有尺寸。

三、辊子式整平机

1. 结构

辊子式整平机的结构如图 2-4-5 所示，钣金件被夹在两辊子之间，并由辊子带动，使钣金件作连续平行的往复运动，从而达到整平的目的。辊子之间的间隙可通过转动手轮来调整，辊子的正反旋转往复运动，由液压传动的活塞杆经齿条和齿轮来带动。

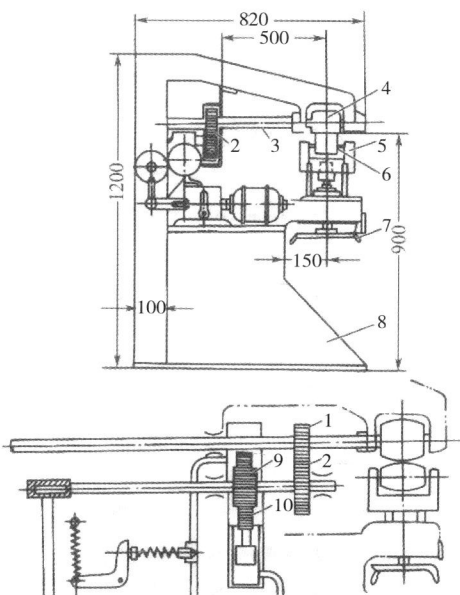

图 2-4-5　辊子式整平机

1，2，9.齿轮；3.轴；4.主动辊子；5.活动支架；6.被动轮子；7.手轮；

8.机座；10.齿条

2.使用方法

（1）辊子压力的调整。欲增加或减少作用于钣金件表面的压力，可用手或脚转动手轮操作，每次只需对手轮施以轻微压力即可，以免在往复加工中使板材延长。

（2）液压已预先成形的钣金工件。首先，应将工件下辊子换为较工件之上辊子曲率略小的辊子，利用急松装置将底辊升起，同时将钣金件置于辊子之间。其次，调整底辊的压力，使金属板件在适度的压力下，在辊子间前后滑动。最后，当板料加工出一定的曲面后，再调转 90°。重复操作，并与原来的方向交叉。在加工过程中，随时利用内、外标准曲率线的样板核对加工工件的曲率，当曲率不足时，滚压时由边缘向中央逐渐加大压力；曲率超限时，由内向外逐渐加大压力，直到产品滚压成形符合要求为止。

3.滚压平波形皱纹板

轻微的波皱可利用辊轮机修理，滚压时金属板移动的方向与原来移动的方向成对角线，压力需保持平均，并平稳地移动，以免再度造成波纹。

四、手推式校正设备

1. 结构与特点

手推式校正设备一般又称机动设备，优点是可随工作要求运动，固定式设备则要将车辆开到设备上。

2. 使用方法

使用手推式校正设备进行校正工作时，将设备放到受碰撞损伤的车辆下面，车辆的车架或底盘上的车梁作为拉出或推出作业时施力的支点。如图 2-4-6 所示，将手推式校准设备移入前部受撞凹损的车辆下，用链条将液压千斤顶所顶举撑杆和车底下的钢管系住，然后利用千斤顶的顶举将受损部位拉出。

图 2-4-6　用手推式校正设备校正的作业情况

五、车架大梁修理设备

1. 用于车身车架修理的设备

第一种固定定钢架式。将车辆用链条或钢夹框锁固在牢固的钢架上，然后再用液压千斤顶对需要校正的部位施以所需的推力或拉力。

第二种手推（移动）式。把车辆旋转于安全脚架上，把可移动的修理设备推入车底下，以将需要校正的车身凹陷部位拉出。

第三种钢轨或地面式。使用钢轨式设备时，将钢轨安装在地面上，然后再将校正设备附装于钢轨上便于作业的位置。若为地面式设备，要在地面上钻一些洞，埋入钢柱以作为校正设备的固定点。

2.固定钢架式设备

固定钢架式的车身及车架修复设备属于形状损伤的修复设备，通常钢架约高于地面 45 cm，此种设备还附有精确的基本测量工具，可以测出车架的受损情况。

固定钢架式设备包括两根坚固的钢架，这样车辆便可用链条或夹框锁固在这两根钢梁上，使其牢牢地固定好，同时还可作为液压千斤顶的依靠，将受损的车架推回原位置。

六、手提式校正设备

1.用途

手提式校正设备虽然可用于校正金属板，但无法正粗重的架大梁。

2.使用方法

手提式校准设备可推、可拉，使用时必须配备一些特殊的挂钩、夹框和其他附件等，以便于更好对损坏的金属板进行校正。

七、地锚式车身固定设备

1.用途

地锚式车身固定设备是利用地锚固定车身的底板纵梁与车架来校正车身，如图 2-4-7 所示。这种方式能够防止因校正造成二次损伤，拉伸力的方向和大小也比较容易控制。

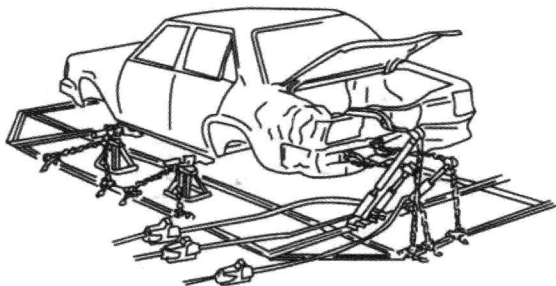

图 2-4-7　地锚式车身固定设备

2.固定方式

地锚与地面的固定方式有两种：一种是和地面位置相对固定的埋入式地锚；

另一种是能和地面位置相对移动的滑动式地锚。前者虽然施工方便、易行，但灵活性较差；后者虽然施工复杂些，但车身固定点的可选范围很大，灵活性好。

3. 使用方法

地锚式车身固定设备使用时，用车身固定器来夹持车身某一部位，底座用螺栓固定在地板导轨上，使整个车身处在固定位置。

安装时，首先先用千斤顶将车身支起，使轮胎离开地面，然后在车身特定的位置安装固定支架并将此处夹紧；其次将支架底部移动到底架系统合适位置，初步安放地脚螺栓；最后在车身的四个支点都已夹紧且高度调节合适之后，把所有地脚螺栓拧紧。汽车固定好后，就能够沿任意方向、绕车身360°进行牵拉。

选择这种方式固定车身时，应注意分力对校正作业的影响。因为固定点与地面存在着高度差，故在进行水平方向的校正时，拉链受力后将产生一个向下垂直分力。拉链和地面的夹角越大（拉链短），垂直分力也越大；反之，拉链和地面的夹角越小（拉链长），垂直分力变小。所以，除非是较小的车身变形，否则均要拆除汽车底盘的悬挂装置，改用可靠的刚性支撑。

八、台架式车身校正装置

1. 用途

台架式车身校正装置可以同时进行任意方向的校正作业，能有效地使变形及其关联损伤一并得到校正。台架式车身校正装置不仅可以方便地固定车身，还可以进行激光测量。作业前的检测、校正过程中参数的校核、竣工验收的质量评价等测量工作都可以在台架上依次完成。校正与定位都是在同一台架上进行的，故操作过程中一般不会发生位移误差。

2. 使用方法

非承载式车身汽车可以通过用适当的锚钩挂到车架纵梁的固定孔里或锚固到车架横梁结合处和交叉处来固定汽车。车身两侧都应该具有对称的锚钩。

对于承载式车身的车辆的典型连接与固定方式如下。

一是在车门槛板上，采用四个车身固定夹具，夹具的下部与台架横梁固定，上端则通过夹板、螺栓与车身门槛下边缘牢固地连接在一起。

二是为了适应不同的车身宽度，一般固定架还可以沿车身的宽度方向水平滑动。

三是如果车身的宽度与台架的差距较大，可以借助贯通的中间轴和拉臂将车身固定在台架上。

四是承载式车身上必须有至少四个锚固点，每个锚固点有一个夹具，根据不同的车身结构的需要可增加锚固点。

九、液压校正设备

1. 用途

液压校正系统可以对固定好的车身进行拉伸、推压、扩张等。

2. 常用的单一牵拉装置使用方法

如图 2-4-8 所示是几种最常用的单一牵拉装置示意图，可依据实际情况灵活运用。

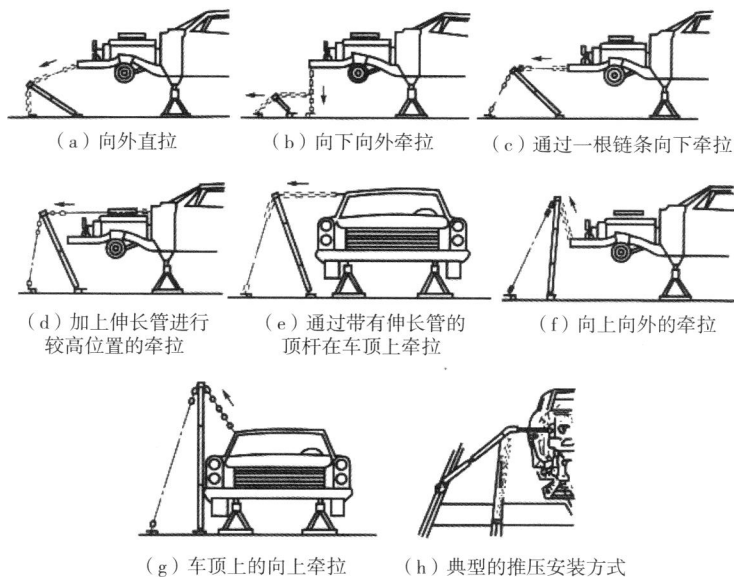

（a）向外直拉　　（b）向下向外牵拉　　（c）通过一根链条向下牵拉

（d）加上伸长管进行　　（e）通过带有伸长管的　　（f）向上向外的牵拉
较高位置的牵拉　　　　顶杆在车顶上牵拉

（g）车顶上的向上牵拉　　（h）典型的推压安装方式

图 2-4-8　常用的单一牵拉装置使用示意图

（1）如图 2-4-8（a）所示为液压缸放置在与地面近似成 45°角的位置，并且和固定点的高度相同，形成一个垂直向外的拉力。

（2）如图 2-4-8（b）所示，使液压缸低于固定点并且接近地面，以形成向下和向外的拉力装置。

（3）需要汽车车架前端的向下拉力能够用链条把车架向下拉向基座，如图 2-4-8（c）所示，并且使用千斤顶在前框架上向上施加推力制成。

（4）发动机罩上的水平拉力装置是在液压缸上设置足够长的加长杆，并放在如图 2-4-8（d）所示的角度，使链条头与发动机罩固定点在同一高度制成。

（5）向下与稍微向前的拉力是由一个牢固的并且能够施加拉力的桥形链条形成的，如图 2-4-8（e）所示。

（6）当液压缸安装上足够长的加长杆并放在如图 2-4-8（f）所示的垂直位置时，一个向上及稍微向外的拉力就能够使用了。

（7）液压缸与加长杆组合，如图 2-4-8（g）所示进行定位和锁止，并且链条连接在车顶上，形成一个在修理车顶时的有效的水平拉力。

（8）在车顶的任何位置所需要的一个向上与向外的拉力装置，是由一根较长的链条与安装加长杆的液压缸组成，它的高度比车顶部分的固定点要高得多，如图 2-4-8（h）所示。

第三章　汽车喷漆常用设备及工具

喷漆间是汽车修补涂装作业必不可少的重要设备之一。本章主要介绍汽车喷漆常用设备及工具，分别介绍了喷漆室与烤漆房、空气喷涂系统、压缩空气供给系统和打磨设备。

第一节　喷漆室与烤漆房

一、喷漆室

（一）喷漆室应具备的工作条件

（1）能避免尘埃等脏物混入喷漆室。

（2）能比较完全地清除漆雾、溶剂等有害人体健康的有机物质。

（3）喷漆室的噪声不得超过 85 dB，如果室内噪声过大，会分散操作人员的注意力，导致心情烦躁，影响工作质量。

（4）为了实现精确配色，喷漆室内应采用"消色差"灯光，这样才能提供纯粹的中性光（由于不同类型的光线照射下涂料颜色的色光不一样，如白炽灯光使颜色明显发红）。

（5）符合涂料厂安全防火的通则。

（二）喷漆室的分类

喷漆室按去除漆雾和避免灰尘混入的方式可分为干法和湿法两大类，具体品种包括干式喷漆室、喷淋式喷漆室、水帘式喷漆室、文式喷漆室及水旋式喷漆室等。

（1）干式喷漆室只适合单件、小批量施工。

（2）在湿式喷漆室中，喷淋式是比较老式的结构，现在已渐渐被其他湿式喷漆室所取代。

（3）水帘式处理漆雾的效果较好，常用在中等工件的施工中。

（4）车身涂装修理中常用的喷漆室有文式与水旋式两种。水旋式喷漆室示意图如图 3-1-1 所示，文式喷漆室示意图如图 3-1-2 所示。

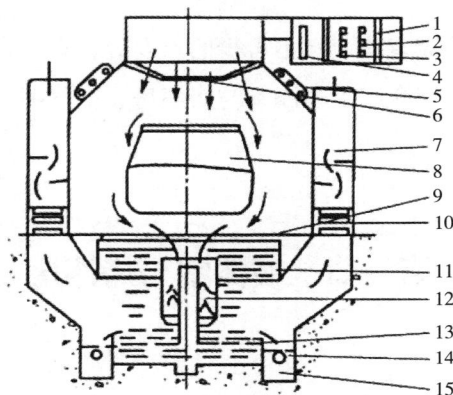

图 3-1-1　水旋式喷漆室示意图

1.粗过滤；2.水过滤；3.中过滤；4.暖风；5.灯；6.精过滤；7.挡板；

8.工件；9.栅板；10.气水分离器；11.上水槽；12.水旋器；13.循环水；

14.水管；15.下水槽

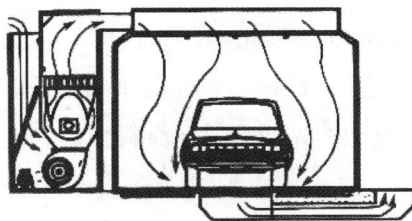

图 3-1-2　文式喷漆室示意图

二、烤漆房

（一）烤漆房的作用

烤漆房能够加快工件的干燥、固化，使工作环境更干净。对腻子、底漆及封闭漆的强制干燥，能够缩短各操作工序之间的等待时间，提高工作效率和工件质量。

（二）烤漆房的类型

（1）依据干燥方式可分为热空气对流干燥、红外线辐射干燥及紫外线干燥等类型。

（2）依据温度范围可分为以下类型。

第一类，15~38 ℃。不少小规模的修配厂将喷漆间也当成烘房，汽车涂装后放置在这里，直至表干。

第二类，38~83 ℃。采用红外加热方式的烤漆房具有比较高的发热效率，特点是干燥速度快，可使涂膜坚硬、光亮，提高质量与工效。这一类烘房因为温度适中，所以能够将涂膜的干燥时间从 1 天缩短为 30~45 min。需要注意的是，如果提高温度到 85 ℃以上，有可能对汽车尤其是高级轿车造成不良影响。

第三类，高于 84 ℃。在修补行业中，这种类型较少用，主要原因是如果温度高于 90 ℃，有可能引起下列事故：汽车发动机内的汽油起火、爆炸；汽车内的部分塑料零件软化和变形；润滑油变稀流淌，污染汽车其他部件。

（三）红外线辐射干燥式烤漆房

红外线辐射式烤漆房因为红外线辐射干燥（即 38~83℃）优点较多，所以被广泛使用，内部结构如图 3-1-3 所示。

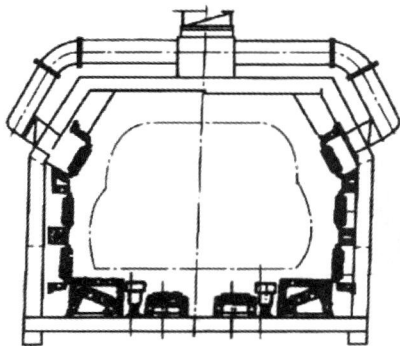

图 3-1-3　红外线辐射式烘漆房内部结构示意图

1. 工件；2. 碳化硅板；3. 运输线

这一类烘房的投资不大，绝大部分采取红外加热作为热源，选用的红外灯管灵活多变。汽车修配厂可要求涂装设备制造商把红外灯管设计成为方阵，形成一个真正的烘房，对整车进行烘烤，如有必要也可只设置1~2个红外灯管，使其只对汽车局部加热。

（四）喷漆、烤漆两用房

1. 喷漆、烤漆房的特点

使用喷漆和烤漆房后，在喷漆时不受任何天气影响，能在20~40 ℃自动恒温，同时在进气管内通过滤网将空气中尘粒等杂物滤去，喷漆表面不染灰尘。

2. 喷漆、烤漆房的结构

喷漆、烤漆房的结构包括双离心式抽气机、连接风槽、房体和控制器等。

3. 热空气对流式喷袄、烤漆两用房

如图3-1-4所示是热空气对流式喷烤两用房结构示意图。

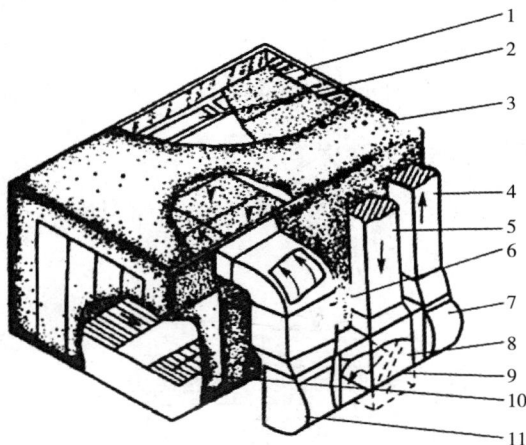

图 3-1-4　热空气对流式喷烤两用房结构示意图

1. 顶部过滤网；2. 日光灯；3. 房体；4. 排气管；5. 进气管；6. 加热器；

7. 排风机；8. 工作状态选择活门；9. 二次过滤网；10. 底沟；11. 进气机

（五）使用烤漆房的安全措施及注意事项

（1）烤漆房及控制柜禁止受潮，否则将会导致烘干房进水、生锈及电路故障。

（2）烤漆房的周围环境应保持清洁、无灰尘。

（3）烤漆房每次使用前，应用拖把与吸尘器将地面和顶棚打扫干净。

（4）底沟中不准存水，需保持干燥和清洁。

（5）禁止将清洗喷枪的废液喷洒在底沟里。

第二节 空气喷涂系统

一、空气喷涂系统的主要工具

空气喷涂系统的工具主要包括喷枪、空气压缩机、油水分离器和压力调节组、输气软管等，此外还需空气清洁器、分水滤气器、喷漆室等与之配套使用。

二、喷枪的分类

喷枪的种类和型号很多，如图 3-2-1 所示。各家涂装设备制造公司的命名方法和分类有所不同，最常用的分类方法是按照涂料供给方式分。

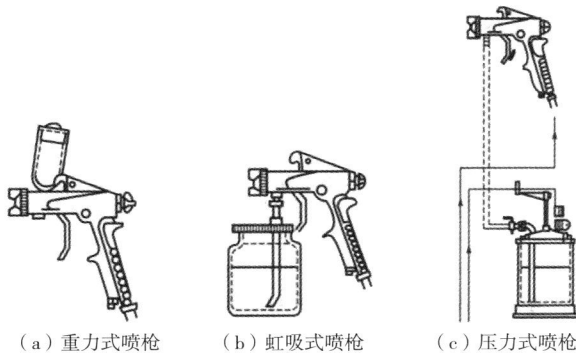

（a）重力式喷枪　　（b）虹吸式喷枪　　（c）压力式喷枪

图 3-2-1　喷枪的分类

（1）重力式（也称上壶式）喷枪见图 3-2-1（a），重力式喷枪的涂料杯设置在喷枪喷嘴的后上方，喷涂时利用涂料自重与涂料喷嘴尖端产生的空气压力差使涂料形成漆雾。杯内涂料黏度的变化对喷出量影响小，虽然杯的位置可由漆工随意调节，但是它的容量较小（约 0.5 L），仅适用来小物件的涂装，并且随着杯内涂料的减少，喷涂稳定性降低，一般不宜仰面喷涂。

（2）虹吸式（也称下壶式、吸上式或吸力式）喷枪如图3-2-1（b）所示，虹吸式喷枪的涂料杯设置在喷枪嘴的后下方，喷涂时利用气流作用将涂料吸上，同时在喷嘴处由压力差引起漆雾，喷涂时出漆量均匀稳定。大面积喷涂时可以换掉料杯，用抽料皮管直接从容器中抽吸涂料持续工作，需要注意的是，当黏度变化时容易引起喷出量的变化。

（3）压力式喷枪见图3-2-1（c），压力式喷枪的涂料喷嘴和气帽正面平齐，不形成真空。漆料被压力压向喷枪。压力是由一个独立的压力瓶（罐）提供，适用于连续喷涂，喷涂方位调整容易，涂料喷出量调整范围广，缺点为需要增添设备，清洗麻烦，稀释剂损耗大，不适合在汽车修理厂修补漆方面应用。

三、喷枪的雾化过程

如图3-2-2所示，喷枪的雾化分为下列三个阶段进行。

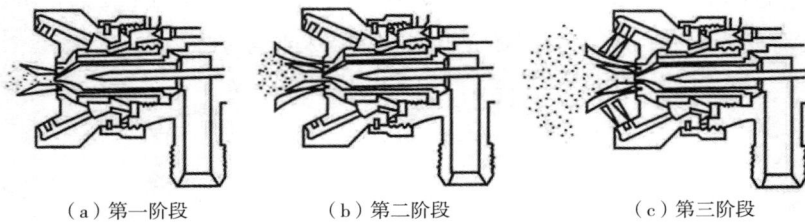

（a）第一阶段　　　　　（b）第二阶段　　　　　（c）第三阶段

图3-2-2　喷枪雾化的三个阶段

（1）第一阶段，涂料从喷嘴喷出后，被从环形口喷出的气流环绕，气流产生的气旋使涂料分散。

（2）第二阶段，当涂料的液流和从辅助孔喷出的气流相遇时，气流控制液流的运动使其分散。

（3）第三阶段，涂料因为从空气帽喇叭口喷出的气流作用，所以气流从反方向冲击涂料，使其喷出扇形液雾。

四、喷枪的组成及各部分的作用

1.喷枪的组成

不同的喷枪虽然有很多通用的零部件，但每种类型或型号的喷枪只适用于一定范围的作业，选择恰当的工具是以最短时间高质量完成作业的保证。

典型的喷枪由枪体与喷枪嘴组成，枪体又可分为空气阀、漆流控制阀、雾形控制（就是漆雾扇形角度调节）阀、控漆阀、压缩空气进气阀、扳机和手柄。喷枪嘴由气帽、涂料喷嘴、顶针组成。

2. 各部件的作用

（1）气帽。气帽将压缩空气导入漆流，使漆流雾化，形成雾形。

（2）涂料喷嘴上有许多小孔，每个小孔的作用均不同。

①主空气孔。主空气孔的作用是形成真空，抽出漆液。

②侧面空气孔是 2~4 个，借助空气压力控制雾束形状。

③辅助空气孔。辅助空气孔对喷枪性能具有明显影响。辅助空气孔为 4~10 个，促进漆液雾化。孔大或多，则雾化能力强，能够以较快的速度喷涂大型工件；孔小或少，需要的空气少，雾形小，涂料雾化程度差，喷涂量小，便于小工件的喷涂或低速喷涂。空气亦从两个侧孔流出，作用是控制雾束形状。雾形控制阀关上，雾束为圆形；控制阀打开，雾束呈扁椭圆形。

（3）顶针和涂料喷嘴（喷枪喷嘴）。顶针和涂料喷嘴的作用均是控制喷漆量，同时把喷流从喷枪中导向气流。涂料喷嘴内含有顶针内座，顶针顶到内座时可切断漆流，喷枪喷出的实际漆量是由顶针顶到内座时涂料喷嘴开口的大小决定的。控制阀能够改变扳动扳机时顶针离其内座的距离。

五、喷涂机

在大面积涂装工作时，如工业、汽车厂、造船、航空等涂装可依据涂装的目的，采用喷涂机来进行，按照不同应用的需要，喷涂机可分为空气喷涂机、空气辅助式无气喷涂机、无气喷涂机和电动喷涂机。各类型的喷涂机均有独特的用途。

K24 空气喷涂机是运用柔性膜片与一系列单向阀将液体涂料抽入泵缸，然后将涂料压出泵缸，不仅可输送腐蚀性强的涂料和含有固体颗粒黏度大的涂料，还可将涂料直接从涂料桶中抽出，以及实现循环供料，使涂料总是处于悬浮状态，方便换色和清洗。它虽然可用于空气喷涂系统，但不能用于无气式及空气辅助式无气喷涂。

K15 空气辅助式无气喷涂机是运用一个往复式活塞与一系列单向阀将涂料从

入口处抽吸进泵缸，然后从出口排出；可输送具有腐蚀性与磨蚀性的涂料及黏度大的涂料；可以将涂料直接从涂料桶中泵出；还可实现循环供料，使涂料一直处在悬浮状态；涂料流量便于控制；方便换色和清洗。配合意大利"ASTUR0"混气喷枪使用，它结合了空气喷涂系统（喷涂压力较空气喷涂系统低）和高压无气式喷涂（涂料压力较高压无气式喷涂低）的优点，克服了高压无气式喷涂不适于装饰性要求较高的工作的弊病。

K30、K300、K500 无气喷涂机与电动喷涂机的工作原理和 K15 的工作原理相似。K30 是气动的，K300 和 K500 是电动的，它们的泵将比 K15 大，可配合意大利"ASTURO"无气喷枪使用。

第三节　压缩空气供给系统

压缩空气供给系统通常由空气压缩机（气泵）、空气净化设备、空气输送管道（硬管与软管）以及压力调节装置等气动元器件组成。

一、活塞式空气压缩机

活塞式空气压缩机的工作原理如图 3-3-1 所示。如图 3-3-1（a）所示，活塞在向下移动时，气缸内部形成一定的真空度，外界空气在大气压的作用下打开进气单向阀进入气缸，此时通往储气罐通道的单向阀因为储气罐内气压高于气缸压力关闭。这时，活塞下行就形成了压缩机的吸气行程，直到活塞运行至下至点为止。随着曲柄继续转动，活塞从下止点向上止点运动，处于气缸内的空气被压缩，使得进气单向阀关闭，压缩空气推动排气单向阀，将压缩空气送到储气室存起来，如图 3-3-1（b）所示。曲柄连续转动，活塞于上下止点之间往复移动，形成连续地吸、排气过程。

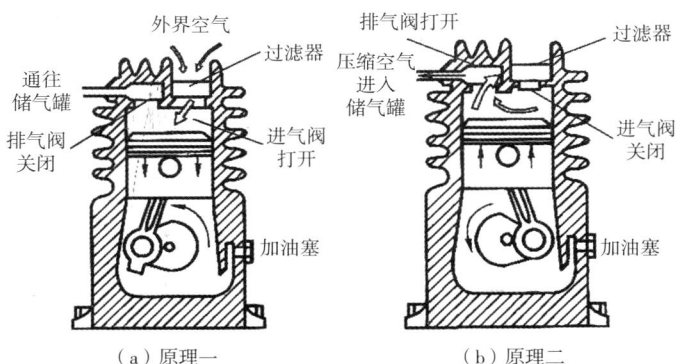

（a）原理一 （b）原理二

图 3-3-1 活塞式空气压缩机

活塞式空气压缩机有单缸和多缸两种，多缸压缩机可以提供容量较大的压缩空气。为了得到更高的压力，活塞式空气压缩机可以设计成二级或多级式的。二级空压机是将第一级压缩的空气输送到第二级活塞缸内进行二次加压，使出口压力比一级压缩高出几倍。

二、螺杆式空气压缩机

螺杆式空气压缩机因为具有良好的工作效率和可靠性，产气量大、压缩空气质量好、排气稳定、单位排气量体积小、缩小占地面积、运转平稳、振动小、噪声低、操作相对简便、易损件少、运转可靠、寿命较长、安装经济等优点，在工业领域已成为标准配置。目前，市场上常用的规格有 10~100 hp（1 hp = 745.700 W）。

螺杆式空气压缩机的工作原理利用两个阴阳螺杆转子啮合的螺旋转子进行相反方向运动，它们之间自由空间的容积沿轴向减少，从而压缩两个螺旋转子之间的空气，两旋转的螺杆利用喷油润滑及密封，最后油气分离器再将油与压缩空气分开，这类压缩机可连续输出流量超过 400 m^3/ min、压力大于 1 MPa 的压缩空气。螺杆式空气压缩机的缺点为阴阳螺旋转子长期运转后螺杆间隙会变大，定期修复或更换费用较大，相较于活塞式空气压缩机造价高，功耗也相对稍高一些。

三、空气压缩装置

空气压缩装置主要由以下部分组成。

（一）储气罐

空气压缩机输出的压缩空气通常均要进入储气罐暂时储存。储气罐实际上是一个蓄能器，容积越大，所能储存的压缩空气量就越多。当储气罐气体的压力达到气动工具所需的压力值时，气动工具才能正常工作。在气动工具使用后，压力下降到一定值时，压缩机才会开动，重新向储气罐充气。储气罐的作用是减少压缩机的运转时间，同时又能确保供给气动工具用气的需要。

两种典型压缩机储气罐的形式为水平式压缩机和垂直式压缩机。储气罐能够用于存储空气压缩机产生的压缩空气，避免空气压缩机频繁启动，配备适当容积的储气罐将有效地避免空气压缩机频繁启动，从而不仅减少空气压缩机的工作时间，还减少压缩机的磨损和维修工作量。储气罐还能够保持压缩空气气压和气流量的平衡，因为空气压缩机的工作原理和特性，从空气压缩机出来的压缩空气气流量不连续，气压不稳定，尤其是活塞式空气压缩机，有了储气罐的存储缓冲，由储气罐导出的压缩空气气压会稳定很多。储气罐还能够净化压缩空气，排除部分液态水和油，普通空气中含有的水蒸气经压缩机压缩后，变成饱和或过饱和状态，并且温度也由常温升至 70~80℃，当这些高温且含有大量水蒸气的压缩空气进入比较冷的常温储气罐时，大部分水蒸气会冷却沉积在储气罐底部，这时一些液态油也会沉积下来，对储气罐造成不利影响，因此储气罐底部设有一个排污阀，可通过手动或自动定期排放出罐中的水和油。

（二）空气压缩机的控制系统

1. 自动卸载器

自动卸载器俗称安全阀。当储气罐内压力为最大值时，自动卸载器启动，将罐内的压缩空气排向大气，让压缩机空转；当压力下降到一定值时，在弹簧弹力的作用下，安全阀关闭，压缩机回归正常工作状态。

2. 压力开关

压力开关是利用空气压力控制电源开闭的开关。通常情况下，压力达到所需的最大值时切断电源，电动机停止运转，压缩机停止工作；压力低于最小值时，电源接通，电动机重新转动，带动压缩机工作。

3. 电动机启动器

为了防止电动机直接启动时的瞬时过载电流过大，通常采用启动器启动，目的是为电动机提供过载保护。电动机的型号和电流特性不同，启动器也不同，因此必须选用与电动机相匹配的启动装置。

4. 过载保护器

小型设备通常采用熔断器（熔丝）进行电路过载保护；于大型设备在启动装置上设有热继电器实施过载保护。

（三）油水分离器和油过滤器

1. 油水分离器

油水分离器多用于净化压缩空气主管路上的液态油和水，外部为一个杯状外壳，内部为一个风扇叶状的单向通道。当压缩空气通过油水分离器时，因为离心力的作用，液态油与水会被甩向外围的杯壁，并流到杯底被排除掉，所以对后置设备及工具起到很好的保护作用。

油水分离器的辨别和选择首先要看进、出气口径是否符合要求，并且压缩空气处理量应大于进气量，否则容易损耗油水分离器或引起安全事故；其次，要看其是否具备自动排水功能，好的油水分离器能够滤掉 95% 的液态油和水。

2. 油过滤器

油过滤器是采取物理方法过滤压缩空气中的油污、灰尘、杂质的一种设备，压缩空气除了含有水蒸气之外，同时含有大量的灰尘、油污、粉尘、细菌等。这些杂质若不经过滤就直接供给气动工具，会损坏工具内件，如果用于喷漆，会导致漆病。油过滤器的主要作用是先粗过滤压缩空气中的油和部分微粒，降低后期净化设备的负担。

3. 过滤器的选择标准

一是，气体处理量应大于进气量。

二是，滤芯精度、效率和使用寿命指标要达到设定要求。

三是，看滤芯是否具备饱和更换自动指示装置。

四是，看是否具有自动排水装置。

（四）空气干燥装置

因为空气中含有一定量的水蒸气，压缩空气时水蒸气也被压缩了，若外界条件变化或空气膨胀，可能形成水滴或雾，从而影响到喷漆的质量。所以，喷涂作业时，需要使用空气干燥装置去除空气中的水蒸气。

空气干燥装置主要分为两类，即冷却型干燥器与吸收型干燥器。在冷却型干燥器中，空气的温度被降到露点以下，于是水蒸气便凝结成水滴，随后被排放出去；相对于吸收型干燥器而言，水蒸气被介质（如硅胶）吸收，硅胶吸足水后应立即更换，对于一些比较昂贵的干燥器来说，硅胶是能再生的。

（五）管路

压缩机和气动设备之间的管路连接，可用硬管，也可用软管。在操作车间里，通常有固定工位的设备均是先用硬管输送到固定位置，然后用软管接到气动设备上使用。

1. 硬管

硬管可采用铜管、镀锌管或不镀锌的铁管，硬管管径的选择取决于压缩机的供气量。

2. 软管

软管有两种类型，分别适用于输送空气和液体，软管管径的选择主要考虑空气通过时的压力降不得过大。软管使用时应注意保养。沿地面拖动软管时，无法围绕成团或跨越尖锐的物体，应避免割伤。不允许有其他重物轧过软管，使用时也不得扭绞。如果要清洗软管内壁，只可以用专门的清洗剂清洗，每次使用完毕均要将软管的外表擦拭干净。

第四节　打磨设备

一、磨料

依据磨料的原料的不同，磨料可分为金刚砂（碳化硅）、氧化铝和锆铝三种。依据磨料在底板上的疏密分布情况可分为密砂纸与疏砂纸两种，其中密砂纸上的磨料几乎完全沾满了磨料面，用来湿磨；疏砂纸的磨料只占磨料面面积的50%~70%，用来打磨较软的材料（如原子灰、塑料等），磨料面很难被软材料的微粒沾满失去作用。

1. 氧化铝磨料

氧化铝磨料是一种非常坚韧的磨料，能很好地避免破裂和减少钝化，其硬度高、耐久性好、使用寿命长，且较难在底层材料上产生较深的划痕，目前使用较广泛。依据其粗细不同来选择，它能够制成用来除锈、清除旧涂层、打磨原子灰层、打磨新旧涂层的砂纸。

2. 金刚砂（碳化硅）

金刚砂是一种非常锐利、穿透力极强的磨料，呈黑色，一般用于汽车旧漆面的砂磨和抛光前对涂面的砂磨。

3. 锆铝磨料

锆铝磨料是已经开发的第三种磨料，锆铝具有独特的自磨刃性，在打磨操作过程中，自身不断地提供新的刀刃提高工作效率和降低劳动强度。通常磨料在较硬的原厂清漆层上打磨会使涂层产生热量，被打磨的材料会快速变软，并堆积在砂纸面的磨料上，从而降低了打磨效率。锆铝的自磨刃特性和工作时产生热量少的特性不仅明显减少了打磨阻力，也减少了材料消耗，提高了工作效率和表涂层质量。

二、砂纸的规格及种类

1. 砂纸上磨粒大小的表示

粗细不同的磨粒黏结在特制的纸板上，形成适应各种施工需要的粗细不同砂纸。

2. 水砂纸

水砂纸为汽车修理厂最常用的砂纸之一，大小规格约 23 cm×28 cm。因为修理作业的确定性，打磨部位的形状、大小的各异，所以要求将砂纸裁成适合打磨需要的尺寸。

水砂纸湿磨使用时应先浸水，使砂纸完全浸湿，可避免手工打磨时因折叠引起的脆裂，尤其是冬天气温低，应用温水浸泡，以避免砂纸脆裂。

3. 粘扣式砂纸

目前，国内市场上粘扣式砂纸主要以进口为主，应用时需与电动或气动研磨机配套使用。依据其作用不同，分为干磨砂纸与漆面干研磨砂纸，形状有圆形和方形，圆形直径使用较多的尺寸主要有 12.7 cm（5 in）与 15.24 cm（6 in）两种。

三、三维打磨材料

三维打磨材料是研磨颗粒附着于三维纤维或海绵上形成的打磨材料，这类材料有极好的柔韧性，适合打磨外形复杂或特殊材料的表面，可用在各种条件下的打磨，如菜瓜布就是三维打磨材料中的一种，主要用在塑料喷涂前的粗化、驳口前对涂膜的粗化以及修补先前去除涂膜表面的细小缺陷等工作场合。

四、打磨垫

打磨垫是使用砂纸打磨工件操作中不可或缺的工具，主要有手工打磨垫和研磨机专用托盘。

1. 手工打磨垫

手工打磨垫主要包括硬橡胶制、中等弹性橡胶制及木板制三种。目前，由于汽车维修行业快速发展，打磨垫由过去操作人员自己制作发展到现在的批量生产，适用于各种需要。

（1）硬橡胶打磨垫。使用时，要外垫水砂纸，通常用来湿磨原子灰层，将物面高凸的原子灰部分打磨掉，使物面符合平整的要求，长短大小对磨平原子灰层有一定的影响，自制的打磨垫通常取厚 2~3 cm 橡胶块裁剪成 11.5 cm × 5.5 cm 的长方形。

（2）中等弹性橡胶垫。中等弹性橡胶垫为一种辅助的打磨工具，借助它的柔软性，在外包水砂纸打磨棱角和形状多变部位时，能够避免划伤凸出部位。

（3）海绵垫。海绵垫适用于漆面打磨，如抛光漆面前，垫细水砂纸磨平颗粒、橘皮等，较难对漆面造成大的伤害。

2. 电动、气动研磨机的打磨垫

用在电动、气动研磨机的打磨垫称为托盘。依据打磨物面不同分为以下两种托盘。

（1）快速粘扣式打磨托盘。此托盘由母粘扣带制成，与干磨砂纸合用，特殊蘑菇头设计能紧扣砂纸，装卸快速、方便、牢固，修磨省时省力。

（2）软托盘。软托盘和粘扣式漆面干研磨砂纸配合使用，钣喷车间所使用的圆形研磨机上都可安装。

五、打磨工具分类

打磨工具的种类很多，常用的打磨机广泛地应用于涂装工艺和钣金修复工艺中，能有效地提高工作效率，降低操作人员的劳动强度和提高涂装质量。打磨工具依据驱动方式可分为气动与电动两种；依据形状分为圆盘式和板式；依据打磨工具的运动方式又可分为单作用打磨机、轨道式打磨机、偏心振动式打磨机、往复直线式打磨机。各种打磨机适用于不同的工作需要。以气动打磨机为例，把压缩空气的压力设置在 0.45~0.5 MPa 时，能对涂层或金属表面进行打磨、研磨、抛光等。

目前，圆盘式打磨机在汽车钣喷车间中应用比较广泛，并且动力以气动居多。掌握打磨机的构造、性能及原理有助于正确地选择、使用及维护打磨机，以发挥其在涂装工作中的作用。

六、打磨机的类型

打磨机可利用电力驱动，也可用压缩空气驱动。喷漆车间内有易燃物品，要避免使用电动工具，尽可能地使用压缩空气驱动的气动打磨机。气动打磨机主要有以下四种类型。

1. 单作用打磨机

打磨盘垫绕一固定的点旋转，砂纸只做单一的圆周运动，此种打磨机称为单一运动圆盘打磨机或是单作用打磨机。这种打磨机的转矩大，低速打磨机多用于磨去旧涂层，钣金磨就属于这类打磨机；高速打磨机多用于漆面的抛光，也就是抛光机。

2. 轨道式打磨机

轨道式打磨机的砂垫外形均呈矩形，便于在工件表面上沿直线轨迹移动，整个砂垫以小圆圈振动，此类打磨机多用于原子灰的打磨。该类打磨机能够依据工件表面情况采取各种尺寸的砂垫，以提高工作效率，轨迹直径亦可随工作要求的不同改变。

3. 双作用打磨机（偏心振动式）

打磨盘垫本身以小圆圈振动，同时围绕自己的中心转动，因而兼有单一运动和轨道式打磨机的运动特点，其切削能力比轨道式打磨机强。当打磨机用于表面平整或初步打磨时，要考虑轨道的直径，轨道直径大的打磨较粗糙，反之较细。

4. 往复直线式打磨机

砂垫做往复直线运动的打磨机称为往复直线式打磨机，多用于车身上特征线和凸起部位的打磨。电动打磨机的类型和气动式基本相同。

七、打磨机的选择

电动打磨机的主要优点为转速高，打磨力量大，使用方便。使用时应注意以下事项。

（1）只要有电源的地方就能够使用，不需要专门的气源。

（2）使用方法简单，故障少。

（3）能够通过更换打磨头实现多用途。

选择电动打磨机时，应依据操作者的体格和体力，选择外形大小适宜的打磨机，太大很快疲劳，无法坚持作业，太小则效率低，然后选择转速稳定、输出力量大以及振动小的打磨机。

如图 3-4-1 所示，打磨头的形状有两种，其中有倒角的一种应用起来比较方便，对钣件的边角能很好地打磨。

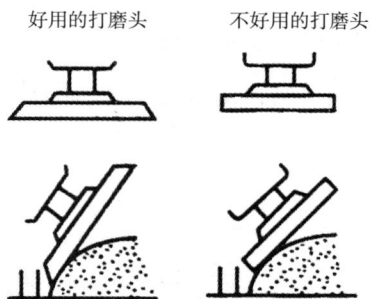

图 3-4-1　两种形状打磨头的使用比较

　　打磨头尺寸的大小选择应根据打磨面积来决定，如对车顶与动机室盖等大面积区域进行打磨时，使用直径为 18 cm 的打磨头，以增加作业速度；小面积剥离时，使用直径为 10~12 cm 的打磨头，操作起来比较方便。

　　在应用电动打磨机作业时的注意事项：在剥离涂膜作业时，若使用的是硬性打磨头，要保持与涂膜表面相平行，否则会在金属表面留下划痕；若是柔性打磨头，与涂膜表面的接触方式应采用图 3-4-2 所示的方式。

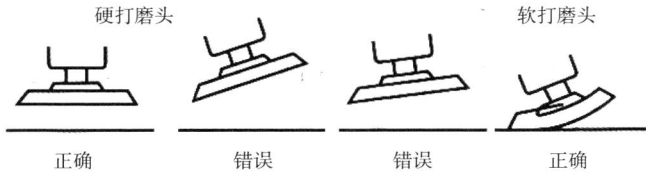

图 3-4-2　硬性磨头与软性磨头的正确使用

　　气动打磨机在使用方法上与电动打磨机有一定差异，因为转速高，打磨力量不及电动式，对旧涂膜的打磨主要是依靠旋转力切削，故与旧涂膜的接触应保持与涂膜表面成 15°~20° 夹角，否则将达不到一定的压力。

第四章　事故汽车车身的拆解与估损

完成更复杂的受损车辆部件的拆解工作，能够对事故车辆进行较为准确的估损定损。本章主要论述事故汽车车身的拆解与估损，主要内容包括整体式车身的类型及特点、车身钣金件的连接方式和事故车辆的测量。

第一节　整体式车身的类型及特点

现在的整体式车身结构有三种基本类型：前置发动机后轮驱动（简称前置后驱，可用 FR 表示）、前置发动机前轮驱动（简称前置前驱，可用 FF 表示）和中置发动机后轮驱动（简称中置后驱，可用 MR 表示）。

一、前置发动机后轮驱动的车身

（一）前置后驱车身的特点

前置后驱的车身被分成三个主要部分：前车身、乘坐室（中车身）和后车身。发动机、传动装置、前悬架和操纵系统装在前车身，差速器和后悬架装在后车身。中车身的地板上焊接有纵梁和横梁，有很高的强度和刚性，可以保证汽车运行的需要。

前置后驱汽车的特点如下。

（1）发动机、传动装置和差速器均匀分布在前、后轮之间，减轻了操纵系统的操纵力。

（2）发动机纵向放置在前车身的副车架或支撑横梁上。

（3）发动机可单独地拆卸和安装，便于车身修理操作。

（4）传动轴安装在地板下的通道内，减少了乘坐室的内部空间。

（5）由于发动机传动系及后轮由前到后布置，因而汽车的振动和噪声源也分布到车身的前面和后面。

（二）前置后驱的前车身

前置后驱的前车身由前横梁、前悬架横梁、散热器支架、前挡泥板、前围板、前围上盖板及前纵梁等构成。由于发动机、悬架和转向装置都安装在前挡泥板和前车身的前纵梁上，且前车身的强度和精度影响前轮的定位和传到乘坐室的振动与噪声。因此，要求前车身制造精确具有极高的强度。车身外覆盖件，如发动机罩、前翼子板、前裙板等用螺栓、螺母和铰链固定，其他的部件都焊接在一起，以减轻车身质量，增加车身强度。

（三）前置后驱的侧面车身

前置后驱的侧面车身结构前柱、中柱、车门槛板、车顶纵梁等部位都采用三层板设计，同时应用了大量的高强度钢，以防止来自前方、后方和侧面的碰撞引起中部车身变形。车身侧板、车顶板、车地板共同形成乘坐室，在行驶中这些板件把从车底部传来的载荷传递到汽车的上部部件，并阻止车身向左、右侧弯曲，车身侧板也作为门的支架，在汽车翻倒时能保持乘坐室的完整性。车身侧板由于车门其强度被削弱，因而用连接的内部和外部板件来加强，形成一个非常强固的箱形结构。

（四）前置后驱的底部车身

底部车身主要由前后纵梁、地板纵梁、地板及横梁构成，其中前纵梁形同车架的框架。随着悬架和车身底部结构大小和形状的不同，这些部件的形状和基本布局会有变化。

1. 底部车身前段

底部车身前段由前纵梁、前横梁构成。由于要安装发动机、悬架等部件，这些构件都用高强度钢制成箱形截面。前纵梁均为上弯式，在板件上都有加工的预应力区，在碰撞时这些构件将会弯曲并吸收冲击能量，在正面碰撞时可以有效地保护乘坐室的乘员。

2. 底部车身中段

底部车身中段主要由地板、地板横梁和地板纵梁等构成。前置后驱车因为变速器纵向放置，并且有传动轴传递动力至后方，所以需要较大的车底拱起空间。因此，前置后驱车辆不能提供像前置前驱车辆一样大的腿部活动空间，前置后驱车型一般适用于大中型具有较大车身的轿车。地板的中心有传动轴通道，加强了地板的强度，它能阻业地板扭曲。此外，地板主纵梁和横梁位于前排座下面和后排座前面，从而强化了左侧和右侧的刚性，在侧面碰撞中可防止地板折曲。

3. 底部车身后段

底部车身后段主要由后纵梁、后地板横梁、后地板及行李箱地板等构成。后纵梁从后排座下边延伸到接近后桥，并上弯延伸到后地板，此弯曲结构像前纵梁一样，可以吸收后端碰撞时的能量。另外，后地板纵梁后段和后地板纵梁是分开的，以方便车身维修时更换作业。

当燃油箱固定于地板下面时（悬浮式），后地板纵梁后半部虽然具有强韧不易弯曲的特性，但是在弯角区域（向上弯曲）设计成容易发生折损变形，当发生后面碰撞时可保护燃油箱。

（五）前置后驱的后车身

前置后驱的后车身有轿车型式和旅行车型式两种类型，前者行李箱和乘坐室分离；后者行李箱与乘坐室不分开。在轿车中，后围上盖板和后座的软垫托架连接在后侧板和后地板上，围板可防止车身扭曲。旅行车由于没有单独的后车身，采用加大顶盖内侧后板及后窗上部框架，将顶盖内侧板延伸至后侧板等措施来加强车身的刚度。

（六）车门

车门包括外板、内板、加强梁、侧防撞钢梁和门框。其中，内板、加强梁和侧防撞钢梁以点焊结合在一起，内板和外板通常是以褶边连接。另外，车门窗框通常是由点焊和铜烤结合而成，车门的形式大致分为窗框车门、冲压成形车门和无窗框车门 3 种。

（七）发动机罩

发动机罩包括外板、内板和加强梁。内板和外板的四周以褶边连接取代烤接。为了确保发动机罩铰链和发动机罩锁支架的刚性和强度，将加强梁点焊于内板上，将密封胶涂抹于内板和外板的某些间隙当中，以确保外板有足够的张力。

（八）行李箱盖

行李箱盖的构造类似于发动机罩，包括外板、内板和加强梁。内板和外板四周采用褶边连接方式，加强梁和支座是由点焊焊接于行李箱盖上（铰链和支座区域除外），将密封胶涂抹于内板和外板的某些间隙当中，以确保外板有足够的张力。

二、前置发动机前轮驱动的车身

（一）前置前驱车身的特点

前置前驱的发动机安装在车身的前面并由前轮驱动，由于没有传动轴，乘坐室的空间可以加大。由于发动机、传动轴、前悬架装置和操纵装置都设置在车身前部，车身前部部件承受载荷比较大，所以前置前驱汽车的车身前部强度与前置后驱汽车有很大不同。其特点有以下几点。

（1）变速器和差速器结合成一体，没有传动轴，车身质量显著减小。

（2）因噪声和振动源多在车身的前部，汽车的总体噪声和振动减小。

（3）前悬架和前轮的负荷增加。

（4）车身的内部空间增大。

（5）油箱设在车中心底部，行李箱的面积增大，内部也变得更加平整。

（6）由于发动机装在前面，碰撞时有向前惯性力，所以发动机的安装组件要相应加强。前置前驱的发动机可以纵向放置也可以横向放置，当纵向放置时，发动机由连接左、右前纵梁的前悬架横梁支撑，这种发动机的放置与后轮驱动汽车发动机的放置方式相同。当横向安置发动机时，发动机支撑在4个点上，即发动机安装在中心构件（或称为中间梁）和左、右前纵梁上。

（二）前置前驱的前车身

前置前驱的前车身由发动机罩、前翼板、散热器上下支架、散热器侧支架、前横梁、前纵梁、前挡泥板和用薄钢板冲压的前围板等构成。

前置前驱和前置后驱汽车的前悬架几乎是相同的，它们都采用滑柱式独立前悬架。前车身的精度对前轮定位有直接影响，所以在完成前车身修理以后，一定要检查前轮的定位。

（1）前置前驱纵向放置发动机的前车身，为了增加前挡泥板的强度和刚度，将前挡泥板与盖板、前纵梁焊接在一起。纵向安置发动机（包括4WD）的前车身与后轮驱动的前车身几乎相同，由于前置前驱汽车前部承受较大的载荷，其扭力箱焊接在前纵梁的后端，所以前纵梁比前置后驱汽车的相应构件强度要大。

（2）前置前驱横向放置发动机的前车身，由于前置前驱横向放置发动机转向操纵机构的齿轮、齿条装在前围板的下部，转向传动杆系通过前横梁后部的大开口和悬架臂一起装在直对开口下面的结构上，所以前车身的下围板和前纵梁与后轮驱动汽车或纵向安置发动机的前轮驱动汽车完全不同。

（三）前置前驱的中车身

前置前驱和前置后驱的汽车中部车身基本是相同的，都由地板、地板纵梁、加强梁、地板横梁组成。地板纵梁用高强度钢板制成，位于乘客室两侧下端，又称为车门槛板内板。由于前置前驱（FF）车身没有传动轴，FF和FR车辆的中央下车身最大差别在于车底板拱起的高度。因为没有后轮驱动组件，所以FF车辆所需要的车底板拱起空间没有FR车辆大，所以能够提供较大的腿部活动空间。

（四）前置前驱的后车身

前置前驱的后车身由上下两部分组成，上部由后门板、下后板、后侧板、后轮罩外板、后轮罩内板组成，下部由后地板横梁和后地板纵梁组成。因前置前驱，油箱又安装在中央底部车身地板下面，这使后地板纵梁比后轮驱动汽车的低，当发生后面碰撞时，大部分的撞击力就可由后行李箱空间吸收。后车底板纵梁的后段都经过波纹加工，提高吸收撞击的效果。后地板纵梁的后段和后地板纵梁是分开的，车身维修时有利于更换作业。后地板纵梁的较低部分与后悬架臂连接，后轮采用独立的滑柱式悬架，这样可以改进转向操纵性能和行驶的稳定性，当发生后尾碰撞时，对后轮定位的影响比后轮驱动汽车要大得多。因此，每次在后车身修理完成后都应当检查后轮的定位。

（五）前置前驱车身的其他部件

前置前驱汽车车身的发动机罩、车门、行李箱盖等部件与前置后驱车身的相同。四轮驱动汽车的前车身与前置前驱车身的前车身类似，中、后车身与后轮驱动汽车的中、后车身类似。中置后驱汽车的车身结构，日常生活常见的车型较少，在此不做介绍。

三、轿车车身零部件

车身修理人员除要修理车身结构件和覆盖件外，还要承担汽车装饰件的修理工作。有些装饰件和嵌条可以用粘接带粘接，有的可用各种金属或塑料紧固件使其连接。

车身修理人员要熟悉现代车身结构上的各种零件、部件、组件的专门名称。如果一名车身修理人员不知道所要修理、校正、更换和涂装零件的正确专门用语，会在定购零件和阅读修理规程时遇到很大困难。

车身结构可分成若干称为组件的小单元，它们本身又可分成更小的单元，称作部件或零件。例如，车身前段包括的组件或部件、车身侧板包括的组件或部件、车身底部的组件或部件、车身外覆盖件等。

要了解具体车型的车身零部件，就需要车型的修理手册。在汽车公司提供的修理手册中，叙述了汽车的不同制造方法和车型结构，这种手册对车身的型式和零件给出了重要而详细的描述。

在使用汽车制造厂的修理手册或损毁评估手册之前，准确识别车身的样式、车型、年代、发动机型号和掌握其他必要的资料是很重要的。汽车修理手册（汽车碰撞手册）包含必要的汽车编码（VIN 码）资料，要熟悉每家汽车制造公司的汽车出厂编码方法及其含义，尽可能多地获取被修汽车所有资料。

第二节　车身钣金件的连接方式

一、车身钣金件可拆卸连接

可拆卸连接方式有以下几种。

1. 螺纹连接

螺栓连接如图 4-2-1 所示，螺栓焊接螺母连接如图 4-2-2 所示，螺钉卡扣连接如图 4-2-3 所示，自攻螺钉连接如图 4-2-4 所示。

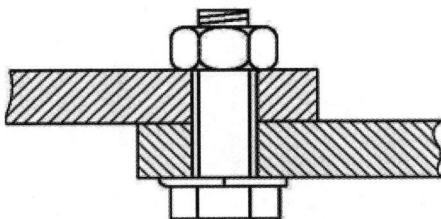

图 4-2-1　螺栓连接

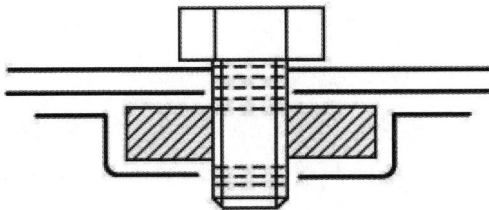

图 4-2-2　螺栓焊接螺母连接

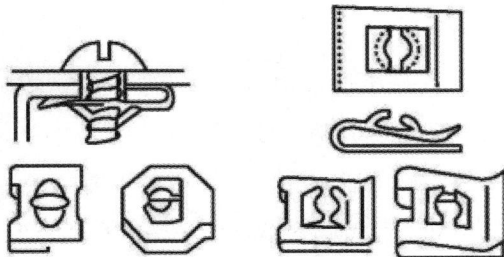

图 4-2-3　螺钉卡扣连接

图 4-2-4　自攻螺钉连接

2. 卡扣连接

卡扣连接用来安装室内装饰件、装饰条，外部装饰件、线路等（图 4-2-5）。

图 4-2-5　卡扣连接

3. 铰链连接

铰链连接用来连接车门、发动机罩、行李箱盖等需要经常开关的部件（图 4-2-6）。

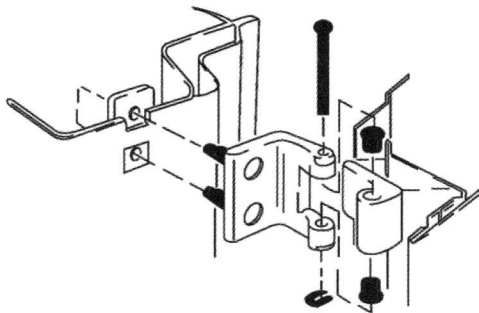

图 4-2-6　铰链连接

二、车身钣金件不可拆卸连接

1.摺边连接

用来连接车门内外板、发动机罩内外板、行李箱盖内外板等（图 4-2-7）。

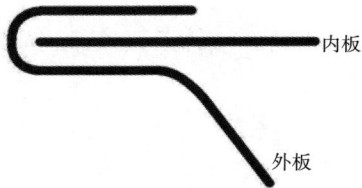

内板

外板

图 4-2-7　摺边连接

2.铆钉连接

用来连接车身上不同材料（当使用其他方式不能有效连接时），或者用来连接铝、镁成塑料车身等（图 4-2-8）。

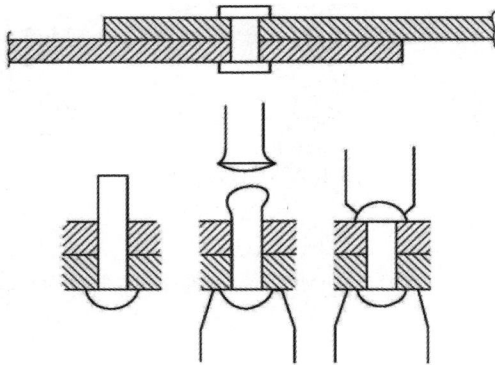

图 4-2-8　铆钉连接

3.粘接连接

主要用在车身需要密封的板件，如一些车身大面积面板、铝车身板件和塑料车身件等。粘接通常不单独使用，配合螺栓、铆接、电阻点焊、褶边连接等方式一同进行（图 4-2-9）。

（a）粘接和铆接　　　　（b）粘接和电阻点焊　　　　（c）粘接和摺边连接

图 4-2-9　粘接连接

4. 焊接连接

焊接是对需要连接的金属板件加热，使它们一同熔化，最后结合在一起的方式。焊接可分为以下三类。

（1）压焊。压焊是通过电极对金属加热使其熔化，并且加压使金属连接在一起的焊接连接。在各种压焊方法中，电阻点焊虽然是汽车制造业最常用的焊接方法，但它在汽车修理业中应用还很少。

（2）熔焊。通过电弧或火焰等方式将金属件加热至熔点，使它们熔化连接在一起（一般采用焊条、焊丝）。

（3）钎焊。在需要焊接的金属件上，通过把熔点比它低的金属熔化（金属件不需熔化）进行连接。按照钎焊材料熔化的温度，可分为软钎焊与硬钎焊。钎焊材料的熔化温度小于 450 ℃的是软钎焊，钎焊材料的熔化温度大于 450 ℃的是硬钎焊。

在修理受碰撞损坏的汽车时，对某些新更换的板件需要使用焊接的方法修理。

第三节　事故车辆的测量

汽车碰撞损伤的修理过程通常包括：检查车身弯曲、扭转变形，更换或修理受到变形损伤的车身覆盖件或构件。

当损伤汽车被送进车间时，损伤检查报告连同维修作业指示书等文件也应一并送达维修人员手中。因此，钣金技师必须懂得检查、测量、分析车身的损坏程度，并且能按技术要求填写检测报告和作业指示书。同时，也包括根据实践经验，针对测量不能被发现的损伤，提出合理的维修方案或对损伤程度的评估提出意见。对于那些必须作为重点来处理的项目，还应在作业指示书中注明技术要求，引起维修人员的重视。

即使是由钣金技师亲自担当的维修作业，上述要求和程序同样是必要的。只有对碰撞受损情况做出准确的诊断，确定损伤部位、范围和严重程度之后，方可制定出合理的修复工艺方案。

一、碰撞受损评估

汽车损伤评估的步骤如图 4-3-1 所示。

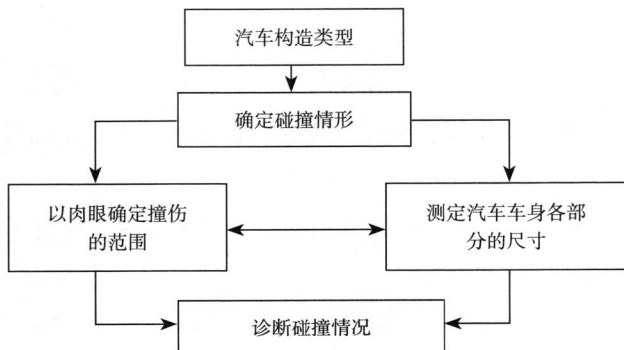

```
        ┌──────────────────┐
        │   汽车构造类型    │
        └────────┬─────────┘
                 │
        ┌────────▼─────────┐
   ┌────│   确定碰撞情形    │────┐
   │    └──────────────────┘    │
   │                            │
┌──▼───────────┐        ┌───────▼──────────┐
│ 以肉眼确定撞伤 │◄──────►│ 测定汽车车身各部 │
│   的范围      │        │   分的尺寸        │
└──┬───────────┘        └───────┬──────────┘
   │    ┌──────────────────┐    │
   └───►│   诊断碰撞情况    │◄───┘
        └──────────────────┘
```

图 4-3-1　汽车损伤评估的步骤

应当明确以下内容。

（1）被碰撞汽车的尺寸、构造、方位及车速。

（2）碰撞时汽车的车速。

（3）碰撞时汽车的角度和方向。

（4）碰撞时汽车上乘客人数及他们的位置。

轿车车架是车身的一部分，多采用等边大梁结构。等边大梁的前后梁以中间车室两侧（侧梁）与增强扭矩框架相连接，从而使行驶时由路面传来的冲击与扭力被底架吸收和缓冲。

车架和车身的损伤，不仅是由于受到大的载荷作用造成的，也可能是因为门等部件磨损，使各部件经常处于非正常工作状态造成的，多数情况下是因为冲击、翻覆等事故，使局部受到较大的载荷作用后造成的弯曲、扭转和凹陷等损伤。当受外力冲击作用时，底架易在曲线部分和弯折处受损，因车型结构不同，冲击部位和冲击力不同，造成的损伤情况也各不相同。

二、汽车事故的类型

汽车碰撞事故可分为单车事故和多车事故。

单车事故又可细分为翻车事故和与障碍物碰撞事故。翻车事故一般是驶离路面或高速转弯造成的，其严重程度主要与事故车辆的车速和翻车路况有关。如图4-3-2所示，列举了翻车的几种典型状态。与障碍物碰撞事故主要可分为前撞、尾撞和侧撞，其中前撞和尾撞较常见，侧撞较少发生。

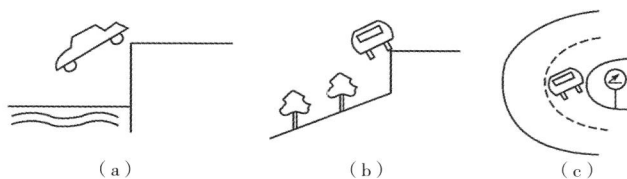

图 4-3-2　翻车情形

（a）正向坠崖翻车；（b）侧向坠崖翻车；（c）高速转弯翻车

与障碍物碰撞的前撞和尾撞又可根据障碍物的特征和碰撞方向的不同再分类，如图4-3-3所示为几种典型的汽车与障碍物碰撞案例，虽然在单车事故中，侧撞较少发生，但当障碍物具有一定速度时也有可能发生。单车事故中汽车可受到前、后、左、右、上、下的冲击载荷，对汽车施加冲击载荷的障碍物可以是有生命的人体或动物体，也可以是无生命的物体。

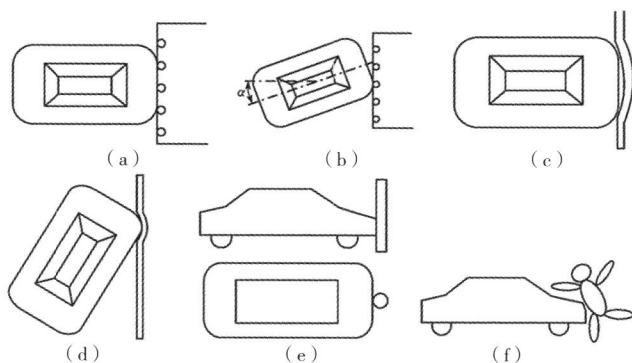

图 4-3-3　汽车与障碍物碰撞情形

（a）与刚性墙正碰；（b）与刚性墙斜碰；（c）、（d）与护栏斜碰；（e）与刚性物体碰撞；
（f）与行人碰撞

三、碰撞分析

（一）前端碰撞

碰撞力小时，保险杠先被撞凹，由保险杠支架到前侧梁变形，前覆轮盖、水箱框架、前护板、水箱前饰板及发动机盖等也都被撞缩而变形。

碰撞力较大时，前覆轮盖顶到通风栅板与前门的间隙没有了，发动机盖绞键弯曲且发动机盖的后面部分叠搭到通风栅板的上面。这时前侧梁在悬吊的横杆（前悬梁）装置接合处产生座曲，车轮室罩板的上部与滑柱式悬架座的接合处也发生很大的变形，这些变形都是为了减轻前悬架遭受重大的冲击力。

若是碰撞力非常大，车身的前面部分，门柱被挤压，前车门变形且车门的开关也变得困难，这时前车身门柱在通风栅板的上面附近也发生变形。前侧梁在转向齿轮箱的接合处也产生座曲，该座曲变形是为了减轻转向机构的冲击力。如果这些变形也不能完全吸收冲击力，则在前侧梁后面部分的接合处有剪断力的作用，使焊接处被剥离。

从前面来的碰撞情况，如正面冲击时，因对方车辆的车头突出物，使前侧梁被往下压；或是车辆行驶中碰到路面上的障碍物使车头突然激烈地被往上抬。这时前侧梁的接合处成为回转轴，作力矩的弯曲，其接合处及缓冲板等也都会变形。

前侧梁被往下压时，前车门铰链装配处被向下拉张，引起车门往上提的现象。相反地，当前侧梁被顶上时，则铰链装配处也被拉向上引起车门往下降的现象。车辆受正方向前面来的碰撞时，前侧梁接合处为回转轴，成左右及上下的弯曲力矩，作用点的另一侧也会变形。

（二）后端碰撞

碰撞力较小时，从保险杠以至后牌照板被撞凹变形，后覆轮盖及后角板也鼓隆起来，后车底板也发生变形。

碰撞力较大时，后角板以至车顶板接合处发生变形，若为四门车，中柱也会变形。冲击能量是被上述各部分的变形以及如图 4-3-4 所示后侧梁弯曲部位的变形所吸收。

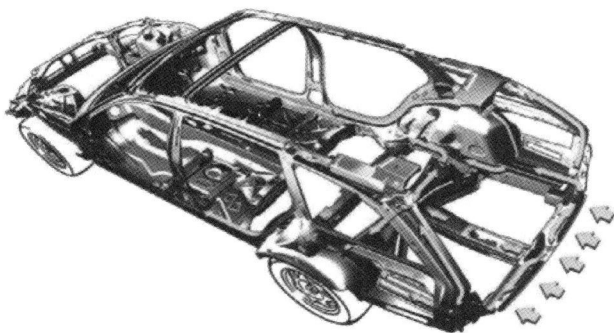

图 4-3-4　后端碰撞

（三）侧面部分受碰撞

车辆侧面受碰撞时因车型的不同，虽然损伤的情况也有较大的差异，但是通常车门、前面部分以及中央客室部分、门柱等都会有变形，当碰撞力非常大时车底板也会变形。前覆轮盖、后角板遭受构向大碰撞时，另一侧也会受碰撞力的影响，特别是前覆轮盖的中央附近受碰撞时车轮室被压凹，自前悬架横梁以至前侧梁也被冲击。此时悬架的各部分装置受损伤，前轮校正及前后轴距产生歪曲的同时，转向装置也受影响，必须仔细检查各连接环、齿轮箱等有无异常。

（四）目测车身损伤的程序

（1）检查车身每一部位的间隙和配合。

（2）检查汽车惯性损伤。

（3）检查来自乘客与行李的损伤。

四、车身损伤变形测量

（一）车身测量的意义

准确测量是顺利完成各种碰撞修复所必需的程序之一。就整体式车身来说，测量对于成功的损伤修复更为重要，因为转向系和悬架大都装配在车身上，有的悬架则是依据装配要求设计的。汽车主销后倾角和车轮外倾角是一个固定（不可调整）的值，这样车身损伤就会严重影响到悬架结构。齿轮齿条式转向机通常装配到钢架上，形成与转向臂固定的联系，发动机、变速器及差速器等也被直接装配在车身构件或车身构件支承的支架（钢板或整体钢梁）上。所有这些元件的变形都会使转向机或悬架变形，或使机械元件错位，最终导致转向操作失灵，传动系的振动和噪声，连接杆端头、轮胎、齿轮齿条、常用接头或其他转向装置的过度磨损等。因此，为保证汽车正确的转向及操纵驾驶性能，关键加工尺寸的配合公差必须控制在允许范围。

（二）车身测量参数的确定

即使专业技师拥有丰富的事故车修复经验，如果不能掌握车辆变形前后的精确数据，也很难准确地制定修复方案，所以对事故车进行专业检测并得到准确的数据时才能使专业技师有的放矢。从车身大梁定位参数方面来讲，各种车型的数据参数是整个修复工作的依据，测量、定位、拉伸和检测都是在原车数据参数的基础上开展的，没有车身大梁定位参数，就无法做好修复工作。车身设计和制造就是以车身基准控制点作为组焊和加工的定位基准，同时也是修复工作中测量的基准，这些基准点的偏差将直接影响到汽车的各项性能。例如，前悬架支承点的偏离直接影响到前轮定位角和汽车轴距尺寸。同时，对于一些特殊尺寸，可以查阅车身数据资料。

1. 标准参数法

参数法以图纸或技术文件中的规定来体现基准目标。在以图纸规定为基准的参数法在测量中，定向位置要求用点与点之间的距离来体现；对称性要求用模拟轴线（或点）与实际对称轴（或点）的相对位置来体现。

2. 对比参数法

对比法以相同汽车车身的定位参数来体现基准目标。

（三）车身变形的测量方法

1. 测距法的应用

测量中心距（也称测距法）可以直接获得定向位置点与点的距离，是最简单、实用的一种测量方法，主要通过测距来体现车身构件之间的位置状态。测距法所使用的量具是钢卷尺、专用测距尺等。

2. 定中规法的应用

当车身或车架与汽车纵轴线的对称度发生变化时，就很难用测距法对变形做出准确的核断，因此使用定中规法，就可以比较好地解决这类测量问题。

3. 坐标法的应用

（1）坐标法适用于对车身壳体表面的测量。

（2）桥式测量架由导轨、移动式测量柱、测量杆和测量针等组成。

（3）测量过程中，可以根据需要调整其与车身的相对位置，使测量针在接触到车身表顶的同时，还能够直接从导轨、立柱、测杆及测量针上读出所对应的测量值。

注意事项：着重对车身上起支撑和固定作用的螺栓孔、柱销孔间距进行测量；在进行水平方向的测量时，量规臂应与车身基准面平行；必须使用与车身说明书或维修手册要求相一致的测量方法；对车身说明书标注出的所有各点都要进行测量。

（四）车身各部分尺寸的测量要求

车身各部分尺寸可以按理想平面的概念，将其大致分成车身上部、车身前部、车身侧板和车身后部 4 个部分，使用的专用量具应能满足测量要求。

第五章 汽车钣金件的修复与更换

本章主要内容为汽车钣金件的修复与更换，从 5 个方面进行了详细论述，分别是车身钣金件损坏的类型、钣金件的整形与矫正方法、车身修复的焊接、车身修复的粘接和汽车钣金凹陷无痕修复技术。

第一节 车身钣金件损坏的类型

一、钢材变形的类型

金属材料抵抗变化的能力可用它的 3 种性能来表示：弹性变形、塑性变形和加工硬化。

1. 弹性变形

金属材料在外力的作用下，尺寸和形状发生改变，也就是发生了变形。当外力消失后，金属材料可以恢复（回弹）到原来的尺寸和形状，即原来的变形消失，这种变形就称为弹性变形。

2. 塑性变形

当金属材料受到的外力超出弹性极限，产生永久变形，这种变形在外力消失后也不能消除，金属材料不能恢复原来的形状，这种永久变形就称为塑性变形。当汽车在碰撞过程中受到损坏时，由碰撞产生的变形将保留下来，除非人为将这种变形除去。产生永久变形的部位周围都会产生弹性变形，永久变形不消失，弹性变形也无法消除。在修理受到这种类型损坏的车身时，应首先修复永久变形，这样弹性变形也会随之消失，使车身恢复到原来的形状。

3. 加工硬化

加工硬化是达到塑性变形上限时，金属出现的一种现象。例如，将一钢板弯曲，在弯曲的部位出现弯折，这个部位的塑性变形非常大，迫使晶体组织完全离开了原来的位置，金属变得非常硬，这种硬度的增加称为加工硬化。

在车身上未受任何损坏的金属板，都会因在制造过程中的加工存在某种程度的加工硬化。碰撞造成的弯曲只能使受到影响的部位产生更加严重的加工硬化，车身修理人员在校正受损坏的部位时，同样会加重该处加工硬化的程度。金属产生硬化虽然使强度增加，但却是金属板损坏的根源。

金属板在加工成翼子板之前相当柔软，冲压后被加工的部分变得很硬。这是因为晶体组织的重新排列，已经产生加工硬化，加工后仍保持平坦的部位则比较柔软，硬度高不容易损坏，一旦变形损坏，也难以修复。金属平坦的部位在修理过程中容易变形损坏，应采取正确的校正方法，以免损伤未被损坏的部分。由于汽车上的所有金属板材都存在不同程度的加工硬化，所以在这些金属板受到损坏以前，要知道哪些部位的金属最硬或最软。

为了进一步说明加工硬化对修理过程的影响，现以一块钢板为例，将此钢板稍微弯曲，钢板将可恢复原来的形状，这是弹性变形，如果弯曲超过了弹性极限，金属将出现折损，外力消除后，在折损部位周围的金属都将恢复原来的状态，在折损部位出现了加工硬化。如果直接将原折损部位的金属弯曲回到它原来的形状，会在原折损部位两边出现新的折损，这就是附加加工硬化。附加加工硬化的出现是因为原折损部位的硬度太高，内部存在巨大的应力使它无法恢复到原来的形状。

汽车上的钢板构件在受到碰撞时，造成的折损会加重原来存在的加工硬化的程度。当金属板被弯曲后，如果不能恢复原来的形状，金属板才会出现折损。如图 5-1-1 所示的受损部位（弹性弯曲区）虽然发生了弯曲，但并没有全部折损，只有上部发生了折损。修理时把折损区修理好后，弹性弯曲区自然会恢复原状，如果先对弹性变形区修理，会对此区域造成损坏。由于对金属的不适当加工，造成了过度的加工硬化，金属将会更加难以加工。

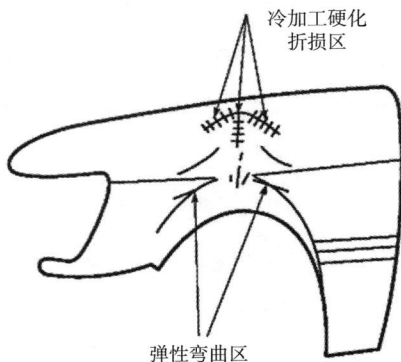

图 5-1-1　弯曲变形中的加工硬化区和弹性区

　　了解这些部位的变形情况对于确定正确的修理方法有着非常重要的作用，车身修理人员必须掌握这些金属特性。在修理过程中造成的损坏与碰撞对汽车造成的损坏几乎同样多，是由于缺少这方面的知识和经验造成的。在校正金属板的过程中，虽然会引起一些加工硬化，但一定要将它控制在最小范围内，不应造成损坏。

二、直接损坏和间接损坏

（一）直接损坏

　　直接损坏是指引起碰撞的物体与金属板上受到损坏的部位直接接触造成的损坏，也就是碰撞点部位的损坏。直接损坏通常以断裂、擦伤或划痕的形式出现，用眼睛即可看到。在所有的损坏中直接损坏通常只占 10%~15%，如果碰撞产生了一条很长的擦伤或折痕，它将在损坏中占 80%，虽然可以对严重的直接损坏进行修理，但现在的车身上使用的金属件太薄，难以重新加工，校正修理需花费很多时间。因此，一般不对受到直接损坏的部位进行修理，直接损坏部位的修复通常需要使用塑料填充剂（腻子），有时还需要使用铅性填充剂（铅性填充剂为了与钢板结合得更好，需要在操作中使用酸腐蚀，酸腐蚀会使金属板产生损害，一般不推荐使用），在填充的过程中，间接损坏也得到了修理。

（二）间接损坏

　　碰撞一般都会同时产生直接损坏和间接损坏，间接损坏是由直接损坏引起的。

在实际中间接损坏占所有类型损坏的绝大多数（80%~90%）。所有非直接的损坏都可认为是间接损坏。

各种构件所受到的间接损坏基本相同，会产生同样的弯曲、同样的压缩。80%~90%的金属板都可采用同样的方法修理，通常采用一些基本的方法就能修理大多数车身板件，只是由于受损坏部位的尺寸、硬度和位置的不同，所用的修理工具有所不同。间接损坏中产生的损坏类型有如下4种：单纯的铰折、凹陷铰折、凹陷卷曲、单纯的卷曲。

1. 单纯的铰折

单纯铰折的弯曲过程像铰链一样（图5-1-2），沿着一条线均匀地弯曲。产生这种变形时，金属上部受到拉力产生拉伸变形，下部受到压力产生压缩变形。中间将有一个未发生变形的区域。

对实心的金属板而言，单纯铰折总是形成一条"直线"形的折损，对箱形截面的弯曲就不同了。

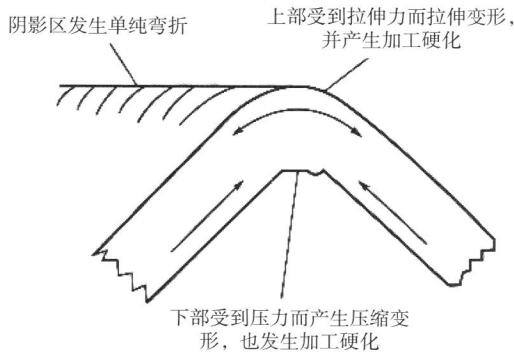

图 5-1-2　单纯铰折

2. 凹陷铰折

在箱形截面上发生弯曲的规律与实心的金属虽然相同，但是两者弯曲的结果是不同的。箱形截面的中心线没有强度，所以顶部的金属板被向下拉不是受到拉伸，或者说很少有拉伸。底部的金属板受到两边的压力，所以容易铰折。铰折中顶部金属受到的损伤比底部金属要小得多，折损处受到压力的一边产生严重收缩，这就是凹陷铰折（图5-1-3）。如果校正方法不正确，顶部也会铰折，造成严重的全面收缩。箱形截面与实心金属板的铰折修理方法不同，如果进行了错误的校正，箱形截面的顶部和底部表面会同时出现凹陷。

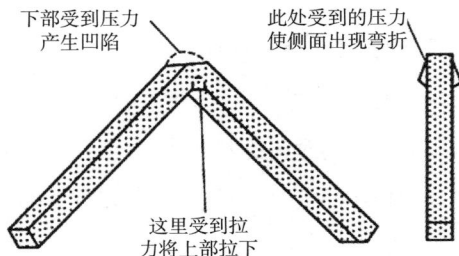

下部受到压力
产生凹陷

此处受到的压力
使侧面出现弯折

这里受到拉
力将上部拉下

图 5-1-3 凹陷铰折

当校正箱形截面时，铰折部位存在很大的加工硬化，不适当的校正会使顶部的表面容易发生进一步的凹陷。在修理中必须采用加热的方法并使用拉伸设备，以防止出现凹陷变形。校正时，如果直接把变形弯曲恢复原状后，在原先凹陷铰折的部位两侧就会形成新的凹陷，使得长度比原先缩短。如果这时再用拉伸的方式修理，凹陷部位的加工硬化程度更高、更硬，难以变形，造成需要拉伸的凹陷部位没有恢复变形其他部位可能变形，使修复失败，部件被修复报废。正确的修理是对凹陷部位进行加热，消除加工硬化产生的应力，然后一边拉伸一边恢复弯曲，最终可以把凹陷铰折恢复原状。

在整体式车身上，有许多结构复杂的箱形截面构件，包括箱形结构梁、车门槛板、风窗支柱、中心支柱、车顶梁等，金属件上被弯成一个角度的部位，都可以认为存在箱形截面。汽车结构中有大量的隆起和凸缘，这些部位都产生了加工硬化，也都具有局部的箱形截面，整个翼板可看成是具有局部箱形截面的构件。局部箱形截面也会发生凹陷，与完全箱形截面凹陷的结果相同，两者折损的名称也相同，都是凹陷铰折。不适当的校正都会造成校正后整个尺寸缩短。

3. 凹陷卷曲

当铰折造成的折损穿过一块金属板时，不仅使所有的箱形或局部箱形截面产生收缩，也使它穿过所有隆起的表面收缩，发生这种情况时，便形成了新的折损。这种折损试图将金属板的内部向外翻卷，以增加其长度，长度的增加是这种折损的特征，称为凹陷卷曲。凹陷铰折和单纯折型折损增加的是深度，不是长度。发生在隆起表面上的所有折损都会使金属收缩，凹陷卷曲折损也不例外，金属收缩量决定于碰撞的程度。

4.单纯的卷曲

当发生凹陷卷曲时，在凹陷卷曲部位的旁边还有两处也一同发生折损，这两处折损即是单纯的卷曲折损，这两处折损均位于金属板的隆起部分，因而也是收缩型的折损。卷曲型的折损很容易识别，单纯或凹陷的折损是由金属板隆起的部分引起的，由于它们只发生在隆起的表面上，并且在隆起处形成一个箭头形状的弯折。如图5-1-4所示的翼板，初看似乎只有一个单纯的折损垂直地穿过它。实际上，它有5处折损，有4种折损类型，若金属板是平坦的，它将会以铰折的形式发生弯曲，产生的是单纯铰折形成的折损。当金属板是隆起的，穿过它的折损在深入到金属的内部时，因为金属表面具有合拢作用和金属自身的收缩作用，将倾向于卷曲。

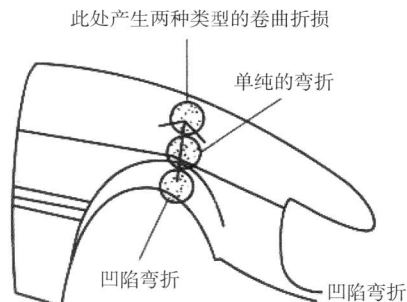

图 5-1-4　凹陷的翼子板发生的各种折损

所有发生在隆起部分的凹陷卷曲折损的方向都与隆起的方向相反，所产生的收缩也是这个方向。单纯的卷曲折损和凹陷卷曲折损虽然都使金属收缩，但两者的方向有所不同。

车身修理人员应该掌握间接损坏部位的4种折损类型，要能够识别出与某处可能产生收缩有关的隆起，应该对各处的折损一目了然，对所有折损有一个修复的方案。

三、钣金件受损区域的分析

板件损伤后，一般用"压缩"和"拉伸"来形容金属受损以后的状况，这些状况也可用"高点"和"低点"来描述。在任何损坏发生以前，金属内部都已存在压缩和拉伸，所有隆起的部位都受到压缩，这里的"压缩"并不是指发生损坏时产生的力，指金属被挤压的部位受到一个新产生压力的作用，该压力通过加工硬化被保留下来，如果该压力突然消失，金属将返回到它原来的形状。通常各种金属板的隆起程度会有所不同，隆起很高的金属板称为"高隆起"，接近平坦的金属板称为"低隆起"，当低隆起的金属板受损时，金属被拉入损坏的中心部位，这个拉力使金属板低于它原来的高度，低于正常高度的损坏区称为拉伸区。相反，金属板上任何超出原高度的损坏区都称为压缩区。

判断金属板件产生变化并进行校正时，应考虑金属在受到损坏前未受压缩或拉伸时的状况。车身修理人员维修时，先要确定受损部位受到的是拉伸还是压缩，然后才可确定修理的方法和使用的工具。不能用锤子敲打拉伸区，也不能用垫铁敲打压缩区的内侧，要根据压力的方向来决定需要施加的力，同样当损坏部位存在压缩区时，不能在此部位使用塑料填充剂。

四、车身板件上隆起部位的变形

汽车外部面板上的隆起类型有单向隆起、复合隆起和双向隆起三种。不同类型的隆起部位在受到外力作用时变形是各不相同的。

1. 单向隆起部位的变形

如图 5-1-5 所示为单向隆起的金属板。一个方向上（左或右）是平坦的，在另一个方向上是隆起的（90°或交叉方向）。当向金属板隆起处施加一个压力时，则金属板的纵向（隆起的长度）方向受到拉伸，金属板的横向（隆起的宽度）方向受到压缩。

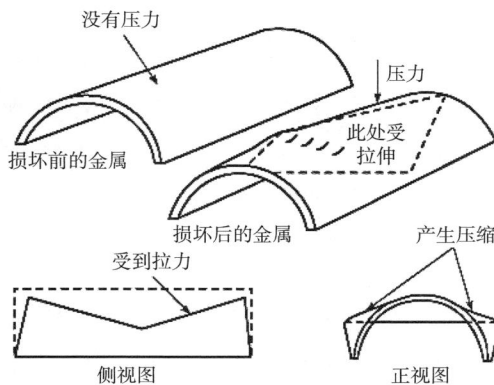

图 5-1-5　单向隆起的金属板的变形

金属板上所有隆起处的损坏都应先进行校正。如图 5-1-6 所示的弯折就是压缩区和拉伸区一个很好的例子，碰撞产生一条狭窄的拉伸带，在拉伸带的周围是隆起的压缩区，隆起的部位需用锉刀锉平，凹陷处要用塑料填充剂垫平。

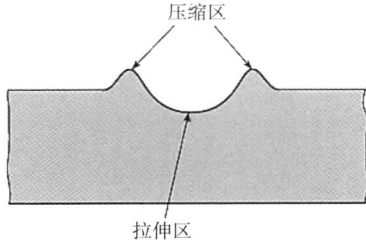

图 5-1-6　弯折部位的压缩区和拉伸区

2. 复合隆起部位的变形

如图 5-1-7 所示为复合隆起金属板上发生的压缩区的转移。板件的压力方向为从上到下，几乎是垂直向下的。有 P 到 BC 和 P 到 BF 两处长度不同的凹陷卷曲，这是因为隆起处金属比平坦处的强度大，抵抗压力能力强。事实上，在受到损坏时，箭头 P 两边虽然所受到的力相同，但是左侧金属损坏的面积较大。如果不熟练的修理人员在校正这种变形时，只是设法让金属向上移动，会对金属板上较平坦的部位造成进一步的损坏，平坦的部位将会屈服于校正力断裂，受力最大的 P 到 BC 部位却未受影响。对这种情况进行的校正应该是将 P 到 BC 折损处展开，因为这里是展开较平坦部位的"关键"，并且此处受到的力最大。

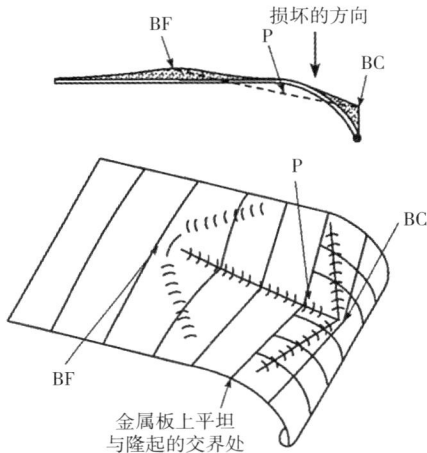

图 5-1-7　复合型损坏钢板上的加工硬化

如果一块隆起的金属板上有一个收缩区（由焊接、不正确地操作铁锤或垫铁、隆起处的折损等引起），则收缩区将低于正常的高度。对于出现在隆起处的凹陷区，如果在它的附近没有伴随着出现一个压缩区，便可以用拉的方法来校正收缩的凹陷区。通过升高受拉伸的凹陷区的方法进行校正时，只会降低邻近部位的高度，一块受到损坏的金属板上总会出现一些压缩区，除非受到的是来自下面的损坏。在后一种情况下，金属将受到向里面拉的力，出现与单向隆起相反的情况。

掌握这些知识将有助于车身修理人员确定正确的修理方法。例如，在一个凹陷的表面上焊接时，由于金属材料的收缩，会造成金属的下沉还是上升？答案是金属会上升，形成一个凸起，解决这个问题可采用铁锤在垫铁上敲击，使金属表面得以降低。不熟练的修理人员以为拉伸会使凹陷的金属表面升高，事实上这种情况只会发生在隆起的金属板上。

3.双向隆起部位的变形

一般金属板上的各种弯折都发生在一个方向上，另一个方向上保持平坦，大多数金属板上发生的弯折都与这种情形很接近，也有一些金属板在两个方向上都有隆起（图 5-1-8），这类隆起就是双向隆起。

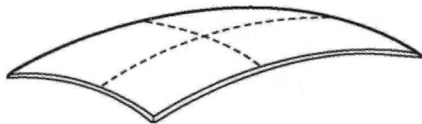

图 5-1-8　双向隆起的金属板

在隆起表面上发生的弯曲折损会扩散到离它最近的平坦区。在有双向隆起表面的金属板上，卷曲折损通常会从受碰撞处向各个方向传播，就像车轮上的辐条一样，轮毂相当于最初的碰撞点。如图 5-1-9 所示就是这种类型的金属板所受到的损坏。

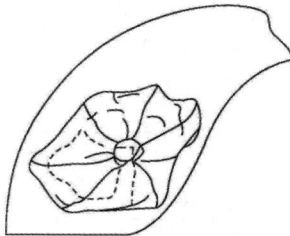

图 5-1-9　双向隆起金属板的凹陷卷曲折损

五、板件损坏部位的修复程序

通过了解车身板件上的不同损坏类型，车身修理人员想要采用正确的方法修理受到损坏的车身，首先要找到损坏的方向，碰撞损坏的方向应该和碰撞的方向完全相反。一般虽然通过目测检查即可找出损坏方向，但是在金属板重叠的情况下，问题往往会变得复杂。

如图 5-1-10 所示，凹陷卷曲折损总是从最先发生接触的位置向外传播。当有两到三个部位出现这种折损时，情况更加简单，它们都汇聚到的那一点就是最初的碰撞点（好像车轮的辐条汇聚到轮毂一样）。

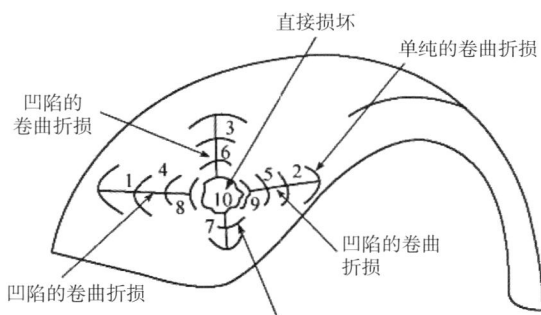

图 5-1-10　碰撞产生凹陷卷曲的过程

车身修理人员修理时的基本原则是最后的损伤要最先修复，最先的损伤要最后修复。在损坏部位离直接损坏点最远的位置 1 要最先进行修理，然后还要修复离直接损坏点最远的位置 2，以此类推把损伤全部修理好，对最后的直接损伤位置 10 可能需要塑料填充剂修理。

第二节　钣金件的整形与矫正方法

一、钣金件的整形

（一）铁锤垫铁敲击整形工艺

1. 小范围局部凸起的整形

如图 5-2-1 所示为小范围局部凸起变形整平的示意图。用垫铁贴紧凸起的反面，手锤敲击凸起部位，使凸起部分被压缩到原来形状。操作时要求锤击力量要轻巧，以 2 次 / s 的频率连续冲击，并做到锤击点均匀分布。

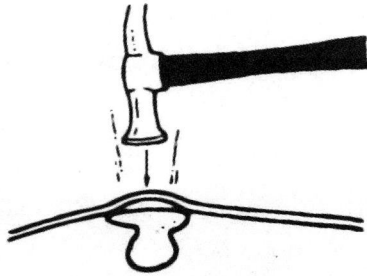

图 5-2-1　小范围局部凸起变形整平示意图

垫铁的形状要与曲面的曲率相一致，否则将会产生严重的后果，使金属板的损坏更严重。如图 5-2-2 所示为使用不符合底板形状的垫铁。

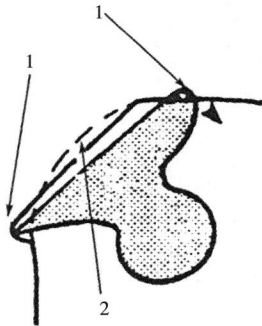

图 5-2-2　使用不符合底板形状的垫铁

1——凹陷；2——原来的形状

2. 局部凹陷的整形

如图 5-2-3 所示为凹陷修整的示意图。与凸起修整不同的是锤击点不在垫铁顶面上方，在蒙皮的凸起部位。将垫铁贴紧最低处，用铁锤敲击附近凸起处即可。

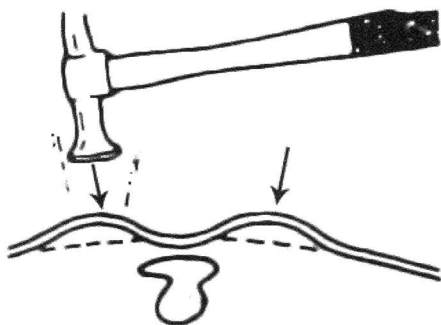

图 5-2-3　凹陷修整示意图

（1）一般来说采用垫铁锤击时，锤击点都应落在表面凸起部位，垫铁处于低的部位，否则不仅原有的凹凸现象不能消除，还会增加新的缺陷。

（2）修整凹陷时，锤击应按照从凹陷的外围逐渐向中心区域过渡的顺序进行，只有这样才能收到预期的效果。

3. 大范围凹陷的整形

如图 5-2-4 所示为大范围凹陷修复过程示意图。如图 5-2-4（a）所示，粗黑线表示金属表面被撞击凹陷，周围凸起部位以细线表示。修整时，将垫铁紧压在凹陷槽最外边（此处弯曲程度最低），如图 5-2-4（b）中虚线圆圈所示。用平面冲击锤在凸起处进行轻度敲击（敲击点不能落在垫铁顶面之上），利用每一次敲击时垫铁的压力迫使槽向上抬起，敲击顺序如图 5-2-4（b）箭头所示。外金属基本复位后，可将垫铁移至中心区，敲击附近金属表面使凹陷槽逐步消失，如图 5-2-4（c）~（e）所示。

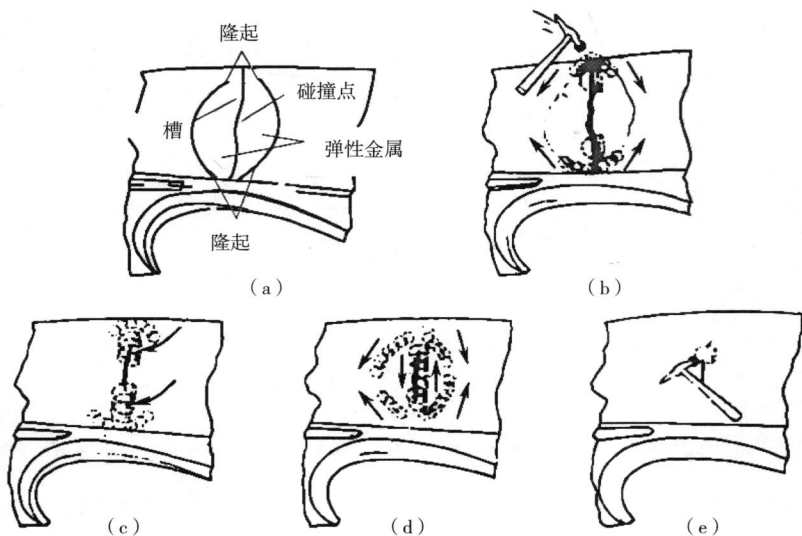

图 5-2-4　大范围凹陷修复过程示意图

（二）用修平刀修整凹陷整形工艺

1. 用修平刀修整凹陷

利用修平刀修整凹陷如图 5-2-5 所示。图中车门表面某处有凹陷，将修平刀作垫铁用，采用锤击表面凸起部位的办法，将凹陷修复。

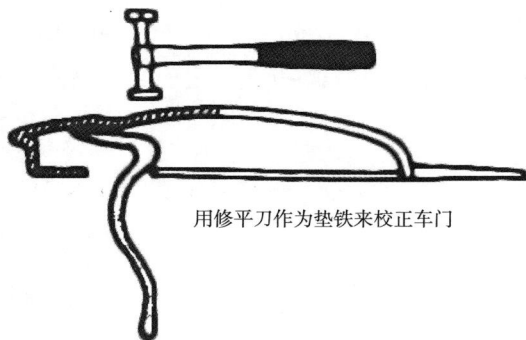

用修平刀作为垫铁来校正车门

图 5-2-5　利用修平刀修整凹陷

2. 用修平刀作撬棍修整车门板面凹陷

如图 5-2-6 所示，这是用修平刀作撬棍修整车门板面凹陷的情形，经过修平刀修整之后，还应用车身锤加以精修。

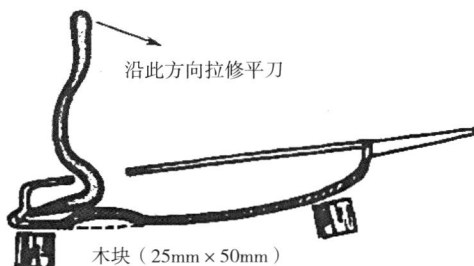

沿此方向拉修平刀

木块（25mm×50mm）

图 5-2-6　用修平刀修整车门面板上的凹陷

3. 用尖头工具（各种撬镐）撬起修复凹陷

对于修平刀或垫铁无法到达处的凹陷，采用尖头工具（各种撬镐）撬起修复，如图 5-2-7 所示。将尖锤插入一个排水孔或门背后的孔内就可以撬凹陷处，既不需拆下车门内的装饰物，也不需要在外表面钻孔拉出凹陷。用尖头工具修理时，用力不可太大，从凹陷最低点开始逐步撬起，需要敲击时应注意敲击顺序和敲击点的分布，如图 5-2-7 中所示的①～⑨各点。

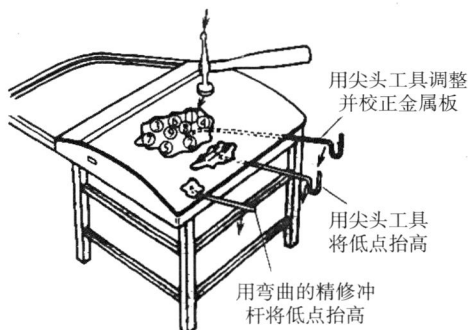

用尖头工具调整并校正金属板

用尖头工具将低点抬高

用弯曲的精修冲杆将低点抬高

图 5-2-7　节用尖头工具使凹陷部位升高

（三）拉出凹陷整形工艺

采用拉出装置将凹陷拉出，也是常用的凹陷整形之一，拉出装置包括吸杯、拉杆、专用拉出器。气动凹陷拉出器端部有一个吸杯产生真空，惯性锤施加的力将金属凹陷部位拉回到原来形状。

（1）拉杆式拉出器一端的螺钉拧入凹陷部位提前打通的孔中，一手握住手柄，另一手用力将重物向手柄方向反复拉动即可将凹陷消除，然后再用填料将通孔堵住。

汽车钣金与喷漆技术应用研究

（2）为了避免打孔带来的不便，也可以在凹陷部位点焊上销钉代替拧入螺钉，待拉出之后再用刀具切除焊点，从而保持原金属表面的完整性。

（四）锉平整修部位整形工艺

经过整修的表面还需要精修，精修一般采用表面成形锉进行锉平整修来加工。利用车身锉锉平整修时，应从未损坏区的一边开始锉，然后穿过损坏区到达未损坏区的另一边。锉削时，应握住手柄向前推，每次锉的行程应尽可能拉长，返回行程中，锉刀面应脱离金属表面拉回。

经过一次锉削，可以找出剩余的高点和低点，可进一步拉出再锉，直到所有低点都消失为止，最后将这一区域锉平。

（五）金属板表面收缩整形工艺

金属板受到碰撞产生严重变形时，在折损处通常受到拉伸作用，如隆起处、凹槽等均是拉伸的典型。金属某处受拉伸时，晶粒将互相远离，金属板变薄且发生加工硬化现象，利用收缩法可将金属晶粒拉回到原来的位置上，使之恢复原有形状和厚度。收缩法的目的是移动受拉伸的晶体回位，同时又不影响周围未受损伤的金属晶粒。

1. 收缩的原理

一段能够自由伸缩的金属材料在受热时会膨胀，长度会增加；加热完毕，冷却之后其长度又恢复到原来的尺寸。

如果一段金属棒的两端被单向固定，对它先加热后冷却，金属的长度会缩短，现分述如下。

（1）加热时金属棒试图膨胀，由于两端受阻无法沿纵向膨胀，棒内部产生很大压力，如图 5-2-8（a）所示。

（2）当温度进一步升高，使金属棒达到炽热状态开始变软，在原有压力作用之下，赤热部位直径增大，随后先前所产生的压力逐步消失，如图 5-2-8（b）所示。此时，金属棒内已无压力了。

（3）加热后突然冷却，便会产生收缩。由于赤热部位直径已加大了，只能使钢棒长度缩短，如图 5-2-8（c）所示。此时，由于两端单向固定，两端的收缩并不受阻，从而达到收缩的目的。

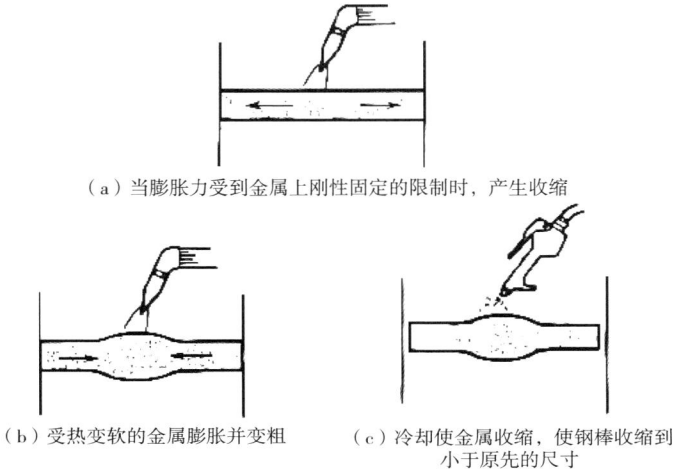

（a）当膨胀力受到金属上刚性固定的限制时，产生收缩

（b）受热变软的金属膨胀并变粗　　　（c）冷却使金属收缩，使钢棒收缩到
　　　　　　　　　　　　　　　　　　　　　　小于原先的尺寸

图 5-2-8　金属收缩原理

2. 金属板上变形部位的收缩

将变形区中心的一小块地方加热至暗红色，随着温度升高金属板受热开始隆起并试图向受热范围之外的地方膨胀，由于周边金属既冷又硬，金属板无法膨胀，因而产生很大的压力载荷。如果此时继续加热，在赤热部位金属变软，于是在内部压力作用之下，金属被向表面推出，使之变厚并释放内部压力载荷，处于炽热状态的部位突然冷却，金属板将会收缩，面积将会减小，从而达到消除拉伸的目的，又不影响其周围的晶格状态。

3. 收缩法操作小技巧

收缩法在汽车钣金修理中占有重要位置，其工艺基本定型。加热时选用中性焰，操作技巧如下。

（1）用焊炬火焰将最凸或最凹点（伸张中心）加热至樱红色。加热范围的大小与伸张程度有关。

（2）加热后急速敲击红晕区域的周围，并逐渐向加热点的中心包围，迫使金属组织紧缩。敲击时要用垫铁垫在部件背部，用木锤敲击，冷却后再用铁锤轻轻敲击整平。要注意敲击力量不宜太大，否则已收缩部分会重新变松弛，并且这一工步应由两个人分工合作完成。

（3）如果收缩点不能达到整平的目的，可用同样的方法，在该点周围适当位置进行多点收缩，同时加热范围要小一些。

（4）所有收缩点冷却之后，进行一次全面敲平，敲击力要轻。对于轻度的伸张，加热后可以不敲击，用棉纱蘸冷水冷却加热区域即可，轻微伸张区，加热后自然冷却也可达到收缩目的。

（六）皱褶的展开整形工艺

汽车车身某处被撞击后，钣金件表面会形成不规则的皱褶。钣金件修理时必须将这些皱褶展开整形，首先设法将死褶由里边撬开，缓解成活褶，其次加热用锤敲击活褶的凸脊部位，逐渐将其展平，恢复原状。

皱褶的展开整形，可以直接在车上用撑拉法解褶敲平整形，也可以将钣金件拆下来，在车下展开皱褶整平修复。前者需在专门的车身、车架校正机上进行，后者主要借助一些简单器具和手工开褶方法。下面主要介绍后一种方法。

假定某小轿车的右翼板正面被撞击形成了皱褶，由于修理设备所限，不能在校正机上展开皱褶。采用简易办法使其开褶，大致按如下顺序进行。

（1）将右翼板上的大灯圈及灯座拆下，用一段长度合适（稍大于灯孔）的扁钢垫于大灯孔内，扁钢两端卡住灯孔的弯边。用一段钢丝绳，一端拴在扁钢中部，另一端系在树桩上，然后开倒车自行拖拉，逐渐使皱褶打开，倒车拖拉时应缓慢进行，切勿猛冲。拖拉后，总体情况好转，只有个别小的死褶没有缓解。

（2）经过拖拉后，卸下翼子板，在平台上修整。一段段地用焊炬加热死褶部位，用撬具撬开死褶使其缓解。

（3）将翼子板凹面向上置于平台上，从翼子板里侧敲平活褶。每敲一处，都要让平台起到垫托作用，不能脱空，里侧的皱褶基本敲平后，翻转翼子板，用垫铁抵住里侧，从外侧敲击使皱褶完全解开。

（4）将整修过的翼子板装在车上，再用手锤和垫铁进行一次全面修整。此时，大灯孔应先修圆再修边。最后，对比两翼将伸张的部分用加热法收缩，使造型达到要求。

汽车车身其他部位的钣金皱褶展开可仿照上述步骤进行。

二、钣金件的校正

（一）薄板板料手工校正工艺

手工校正是以手工操作手锤、拍板等工具，对变形的钢材施加外力，来达到校正变形的目的。手工校正简便灵活，一般用于薄钢板、小型型钢和小型结构件的局部变形的校正，目前在我国汽车钣金修理作业中，手工校正仍然是主要方法。

1. 曲板料中间凸起变形的校正

如图 5-2-9 所示，将板料凸面向上放在平台上，一手按住板料，一手持锤击。敲击应由板料四边缘开始，逐渐向凸起中心靠拢。敲击时，边缘处锤击力要重，击点密度要大，越向凸起中心，锤击力逐渐减小，击点密度逐渐变稀。板料基本校正后，再用木锤进行一次调整性敲击，以使整个组织舒展均匀。

图 5-2-9　薄板中间凸起变形的校正

2. 板料四周呈波浪变形的校正

如图 5-2-10 所示，将板料置于平台上，一手按住板料，一手持锤敲击。敲击时应由板料中间开始，击点逐渐向四周边缘扩散，由密变疏。敲击时，中间击力要重，逐渐向四周变轻。板料基本校正后，再用木锤进行一次调整性敲击，以使整个组织舒展均匀。

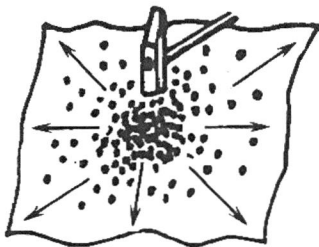

图 5-2-10　薄板四周呈波浪变形的校正

3. 板料对角翘曲的校正

如图 5-2-11 所示，校正敲击应先沿着没有翘曲的对角线开始，依次向两侧伸展，使其延伸趋于平整。

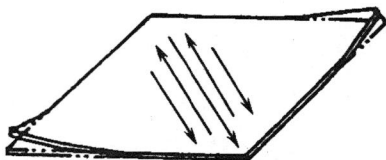

图 5-2-11　薄板对角翘曲的校正

4. 板料曲面凸鼓变形的校正

如图 5-2-12 所示，先使锤与抵座中心对正，然后进行敲击修整。握锤的手不宜过于紧握，以手腕的力量敲击，敲击的速度以 80~100 次 / min 为宜。

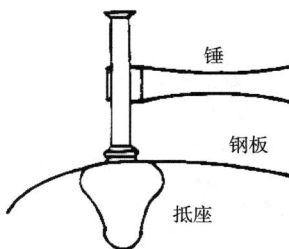

图 5-2-12　曲面凸鼓变形的校正

5. 板料曲面凹陷变形的校正

如图 5-2-13 所示，抵座应放在稍偏于锤击处，锤击点为凹凸不平的较高部位，抵座位于较低部位。锤子的敲击逐渐将凸起部分的端部向下压，抵座的压力使凹陷部分趋于平整。

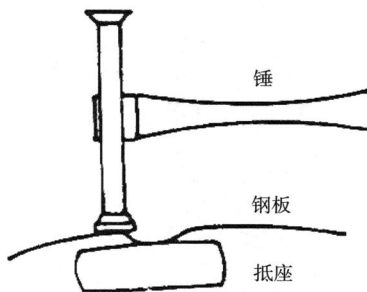

图 5-2-13　曲面凹陷变形的校正

6. 板料的拍打校正

如图 5-2-14 所示，若板料有微小扭曲时，可采用拍板拍打校正。取一长度不小于 400 mm、宽度不小于 40 mm、厚度为 3~5 mm 的拍板，在板料上拍打，使板料凸起部分受压缩短，张紧部分受拉伸长，从而达到校正的目的。

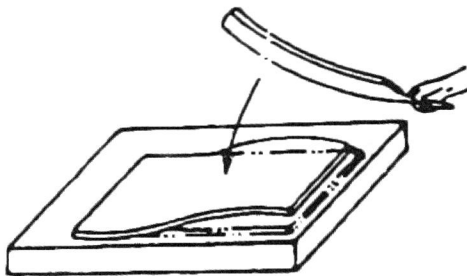

图 5-2-14　薄板料的拍打校正

薄板的校正难度较大。

（1）校正前，要分析并判明薄板的纤维伸长或缩短部位。

（2）校正中，要随时观察板料的形状变化，有针对性地改变锤击点和力度。当板料基本敲平后，再用木锤作一次调整性敲击，使整个板面纤维舒展均匀。

（3）校正后，用手按掀板料各处，若不发生弹动，说明板料已与平台贴紧、校平。

（二）条料的手工校正工艺

1. 条料弯曲的校正

（1）若条料在厚度方向弯曲时，只需将条料放在铁砧或平台上，凸起向上，直接锤击凸起部位即可校正。

（2）若条料在宽度方向上弯曲时，可以用锤从中间开始向两侧锤击扁钢的内层，或者按内层三角形内锤击，使其延展校正。

2. 条料扭曲的校正

（1）将扁钢夹持在台钳上，用呆扳手或活动扳手夹持住另一端，用力向扁钢扭转的反方向扭转。

（2）待扭转变形基本消除后，再用锤击法将其校正。锤击时将扁钢斜置于平面上，平整部分在平面内，扭转翘曲的部分伸出在平面外，用锤子敲击稍离平台边外向上翘起的部分，其敲击点离开平台的距离约为板厚的 2 倍，边敲击边将扁钢向平台里移进。然后翻转 180°，再进行同样的敲击，直至校正为止。

（三）型钢的手工校正工艺

1. 型钢弯曲的校正

如图 5-2-15 所示，角钢、槽钢、圆钢的弯曲变形，校正只需将其放置于平台上，锤击凸起处（圆钢可选用适当的中间锤置于凸起部），然后敲击中间锤的顶部进行校正。

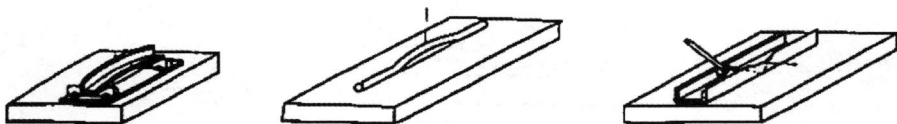

图 5-2-15　型钢弯曲的校正

2. 型钢扭曲的校正

如图 5-2-16 所示，当型钢产生扭曲变形时，可对扭曲部分施加反扭矩，从而消除变形。当扭转变形基本消除后，再用锤击法将其校正。

图 5-2-16　型钢扭曲的校正

（四）火焰校正工艺

1. 火焰校正原理

火焰校正就是对变形的钢材用火焰局部加热的方法进行校正，火焰校正的原理如下。

采用火焰对钢材的变形部位进行局部加热，利用钢材热胀冷缩的特点，使加热部分的纤维膨胀，周围未加热部分温度低，使膨胀受到阻碍，产生压缩塑性变形，冷却后纤维缩短，使纤维长度趋于一致，从而使变形得以校正。

2. 决定火焰校正效果的因素

（1）火焰加热的方式

第一种，点状加热。加热区域为一定直径范围的圆圈状点，称为点状加热。校正时可根据工件变形情况，加热一点或多点，多点加热常用梅花式，加热点直径一般不小于 15 mm（厚板适当大些）。变形量大时，加热点距要小（一般 50~100 mm）。

第二种，线状加热。加热时火焰不仅沿直线方向移动，也可作适当的横向摆动，称为线状加热。加热线的横向收缩大于纵向收缩，收缩量随加热线宽度的增加而增加，加热线的宽度一般为钢材厚度的 0.5~2 倍，线状加热一般用于变形较大的工件，有直线加热、链状加热、带状加热三种。

第三种，三角形加热。加热区域呈三角形的称为三角形加热。

（2）火焰加热的位置

如图 5-2-17 所示，应选择在金属纤维较长的部位或凸出部位。

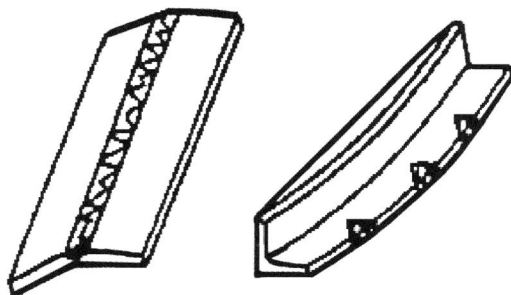

图 5-2-17 火焰加热的位置

（3）火焰加热的温度

校正时加热温度应控制在 600~800 ℃之间。低碳钢不大于 850 ℃；厚钢板和变形较大的工件，加热温度为 700~850 ℃，加热速度要缓慢；薄钢板和变形小的工件，加热温度为 600~700 ℃，加热速度要快。

为了提高校正效率和质量，还可以施加外力或在加热后用水急冷加热区，以加速金属的收缩，提高校正效率。厚钢板（8 mm 以上）不能用水急冷，以防止较大的内应力产生裂纹，同时对具有淬硬倾向的材料也不宜采用。

第三节　车身修复的焊接

一、惰性气体保护焊

（一）惰性气体保护焊的特点

（1）操作方法容易掌握。操作者只需接受几个小时的指导和练习，就可学会并熟练掌握 MIG 设备的使用方法。和高级电焊工采用传统的焊条电弧焊相比，普通的 MIG 焊工均能够做到焊接的质量更高、速度更快、性能更稳定。

（2）MIG 可使焊接板件 100% 地熔化。因此，经 MIG 焊接过的部位可修平或研磨到和板件表面同样的高度（为了美观），且不会降低强度。

（3）在薄的金属上焊接时，能够使用弱电流，预防热量对邻近部位的损害，避免了可能发生的强度降低和变形。

（4）电弧平稳，熔池小，方便控制。保证熔敷金属最多，溅出物最少。

（5）MIG 焊接更适合焊接有缝隙和不吻合的地方。对于若干处缝隙，可快速地在每个缝隙上点焊，不需要清除熔渣，焊后能够很方便地在这些部位重新上漆。

（6）车身钢板通常用一根通用型的焊丝来焊接。

（7）车身上不同厚度的金属可用相同直径的焊丝进行焊接。

（8）MIG 焊机能够方便地控制焊接的温度和时间。

（9）采用 MIG 焊接，对需要焊接的小区域加热时间较短，减少了板件的疲劳和变形。由于金属熔化的时间极短，因此可以轻松进行立焊和仰焊操作。

现在汽车制造业大量应用高强度钢板，高强度钢板和其他薄钢板比较好的焊接方法即是 MIG 焊接法，因此现在车身维修中广泛应用惰性气体保护焊（MIG）。在用惰性气体保护焊进行车身维修时，可以达到快速、高质量的焊接要求。

惰性气体保护焊不局限于车身的维修，还能够焊接排气结构、各种机械的底座、拖车的牵引装置、载货车的减振装置以及其他可用电弧焊或气焊的地方，均能达到良好的焊接效果。惰性气体保护焊还可以用于铸铝件的焊接，如各种破裂的变速箱、气缸头和进气管等。

（二）惰性气体保护焊的原理

惰性气体保护焊使用一根焊丝，焊丝以固定的速度自动进给，在板件和焊丝之间出现电弧，电弧产生的热量使焊丝与板件熔化，将板件连接在一起，这是惰性气体保护焊的焊接过程。

在焊接过程中，惰性气体对焊接部位进行保护，避免熔融的板件受到空气的氧化。惰性气体的种类由需要焊接的板件决定，钢材均用二氧化碳（CO_2）或二氧化碳和氧气的混合气作为保护气体。铝材按照铝合金的种类和材料的厚度，分别采用氩气或氧、氦混合气体进行保护。若在氩气中加入4%~5%的氧气作为保护气，就能够焊接不锈钢。

惰性气体保护焊有时又称作二氧化碳保护焊，其实惰性气体保护焊（MIG）使用完全的惰性气体（如氩气或氦气）作为保护气体。惰性保护气体由25%二氧化碳与75%的氩气组成，二氧化碳不完全是惰性气体，二氧化碳保护焊也称为活性气体保护焊（MAG）。大多数车身维修均采用二氧化碳（CO_2）或二氧化碳与氩气的混合气作为保护气体，人们还是习惯用惰性气体保护焊来概括所有的气体保护电弧焊接。许多焊接机均是既可使用二氧化碳（活性气体），又可使用氩气（惰性气体），只需要更换气瓶和调节器就可以了。

通常来说，现代钢制承载式车身钣金件一般采用0.58 mm的MIG焊丝进行焊接，若车身更薄、更轻可使用更细的焊丝。在分割中等厚度液压成型车架或全周边式车架时，可以采用0.76 mm的焊丝。若焊接的是铝合金车身部件，多数维修厂商推荐选用0.76~0.89 mm的焊丝。需要注意的是，焊接的时候也需要核对原厂的规范标准。惰性气体保护焊焊接的工作过程如下。

（1）焊丝在焊接部位经过瞬间的短路、回烧形成电弧。

（2）每一次工作循环中均产生一次短路电弧，并从焊丝的端部将微小的一滴液滴转移到熔化的焊接部位。

（3）在焊丝周围有一层气体保护层，可避免大气的污染并稳定电弧。

（4）连续进给的焊丝与板件相接触造成短路，电阻使焊丝和焊接部位受热。

（5）随着加热的继续，焊丝开始熔化，变细并开始收缩。

（6）收缩部位电阻的增加将加快该处的受热。

（7）熔化的收缩部位烧毁，在工件上出现一个熔池并产生电弧。

（8）电弧使熔池变平并回烧焊丝。

（9）当电弧间隙达到最大值时，焊丝开始冷却并且重新送丝，更接近工件。

（10）焊丝的端部又开始升温，虽然其温度足以使熔池变平，但还不可以阻止焊丝重新接触工件。因此，电弧熄灭，再次形成短路，上述过程又重新开始。

（11）这种自动循环产生的频率是 50~200 次 / s。

（三）惰性气体保护焊焊接设备

惰性气体保护焊设备主要由以下基本部分组成。

（1）带有流速调节器的保护气体供应管道，用以避免焊接熔池受到污染。

（2）送丝装置。对送丝的速度进行控制。

（3）焊丝。车身维修中使用焊丝的种类是 AWS-70S-6，使用焊丝的直径为 0.6~0.8 mm，目前应用最多的是直径为 0.6 mm 的焊丝，原先是一种特制的焊丝，现在很容易买到。直径很细的焊丝能够在弱电流、低电压条件下使用，这就使进入板件的热量大为减少。

（4）焊机电源。电源的核心是变压器，将 220 V 或 380 V 的电压变成只有 10 V 左右的低电压，同时电流变得很大。焊接对电源的要求，必须使用具有稳定电压的电源，用于汽车车身维修的电源比通常工业焊机的要求要高，因此焊接薄金属板时的输出电流、电压要稳定，否则会影响焊接质量。

（5）电缆和搭铁接线装置。焊接的部位要和搭铁接线连接形成电流回路。

（6）焊枪（也称为焊炬）。将焊丝引到焊接部位，在焊枪上有启动开关，焊枪前部主要有喷嘴与导电嘴。

（7）保护气。维修车身时，焊接通常用二氧化碳（CO_2）或二氧化碳的混合气体（气体的比例为 75% 的氩和 25% 的二氧化碳，这种混合气体一般被称为 C-25 气体）来进行保护。采用 CO_2 气体保护能够使焊接熔深加大，但是 CO_2 使电弧变得比较粗糙且不够稳定，焊接时的溅出物会增加。因此，在较薄的材料上进行焊接时，最好使用 Ar / CO_2 混合气。

（8）控制面板。通过控制面板可进行电压、电流、送丝速度调节，同时可以进行点焊和脉冲点焊功能的控制。

（四）惰性气体保护焊焊机的安装调整方法

（1）按照焊机说明书的规定，将惰性气体保护焊焊机的电缆和电网相连接。

（2）气瓶内有高压，在搬动时要注意不得碰撞气瓶，最好用链条或带子将气瓶固定在底座上，使气瓶与惰性气体保护焊机连接在一起，也可将气瓶安装在墙壁、柱子等处，安装调节器时一定要遵守安全规则。

（3）将搭铁安装在车身金属件焊接部位附近清洁的表面上，形成一个从焊机到工件，然后再恢复到焊机的焊接回路。无法将搭铁当作接地装置，焊机应自带地线。

（4）按照设备说明书的规定安装，然后调整送丝装置中的各元件。对送丝装置的调整一般可按下列步骤进行。

① 安装焊丝。应用手将焊丝送进约 300 mm，保证焊丝可以顺利地通过送丝管和焊枪。

② 适当调整送丝轮压力，使焊丝得到足够的推力，可以离开焊丝盘并穿过送丝管及焊枪。保证送丝轮轴槽、焊丝导向装置、送丝管和焊枪的导电嘴的尺寸均与所使用的焊丝的尺寸相一致。调节送丝轮的压力，当焊丝在喷嘴受阻无法进给时，焊丝能够在送丝轮上打滑。送丝轮的压力不能太大，若压力过大焊丝会变形，在送丝管内产生螺旋效应，会导致送丝不稳定。

（五）惰性气体保护焊焊接参数的调整

维修人员在焊接时，需要对下列参数进行调整：焊机输入电压、焊接电流、电弧电压、导电嘴到板件的距离、焊炬角、焊接方向、保护气体的流量、焊接速度及送丝速度。

（1）焊接电流。焊接电流的大小将影响板件的焊接熔深、焊丝熔化的速度、电弧的稳定性、焊接溅出物的数量。随着电流强度的增大，焊接熔深、剩余金属的高度和焊缝的宽度也会增大。

（2）电弧电压。高质量的焊接依赖于合适的电弧长度，电弧长度是由电弧电压决定的。

① 电弧电压过高时，电弧的长度增加，焊接熔深减小，焊缝呈扁平状。

② 电弧电压过低时，电弧的长度缩小，焊接熔深增加，焊缝呈狭窄的圆拱状。

因为电弧的长度由电压的高低决定，电压过高将产生过长的电弧，从而使焊接溅出物增加，电压过低会导致起弧困难。

（3）导电嘴到板件的距离。导电嘴至板件的距离是高质量焊接的一项重要因素，标准的距离为 7~15 mm。若导电嘴到板件的距离过大，从焊枪端部伸出的焊丝长度增加产生预热，加速焊丝熔化的速度，保护气体所起的作用也会减小。若导电嘴到板件的距离过小，将难以进行焊接，且会烧毁导电嘴。

（4）焊接时的焊枪角度。焊接方法有两种，即正向焊接与逆向焊接。正向焊接的熔深较小且焊缝较平；逆向焊接的熔深较大，并且会产生大量的熔敷金属。采用上述两种方法时，焊枪角度均应在 10°~15° 之间。

（5）保护气体的流量。若保护气体的流量太大，将会形成涡流降低保护层的效果。若流出的气体太少，保护层的效果也会下降。应根据喷嘴和板件之间的距离、焊接电流、焊接速度以及焊接环境（焊接部位附近的空气流动）来调节保护气体的流量。

（6）焊接速度。焊接时，若焊枪的移动速度快，焊接熔深和焊缝的宽度均会减小，并且焊缝会变成圆拱形。当焊枪移动速度进一步升高时会产生咬边，若焊接速度过低会产生许多烧穿孔。通常来说，焊接速度由母材的厚度和焊接电压两种因素决定。

（7）送丝速度。若送丝速度太慢，随着焊丝在熔池内熔化并熔敷在焊接部位，可听见嘶嘶声或啪嗒声，这时产生的视觉信号为反光的亮度增强。当送丝速度较慢时，所形成的焊接接头略微平坦。若送丝速度太快将堵塞电弧，此时焊丝无法充分地熔化。焊丝将熔化成许多金属熔滴并从焊接部位飞走，产生大量飞溅，此时产生的视觉信号为频闪弧光。

在仰焊时，过大熔池产生的金属熔滴可能会落入导电嘴或进入气体喷嘴，导致喷嘴或导电嘴烧损。仰焊操作时，要采用较快的送丝速度、较短的电弧和较小的金属熔滴，并使电弧和金属熔滴互相接近。将气体喷嘴推向工件，以保证焊丝不会向熔池外移动。若焊丝向熔池外移动，熔化的焊丝将会产生金属熔滴，直至形成新的熔池来吸收这些熔滴。

焊接中在气体喷嘴的附近通常会产生氧化物熔渣，必须将它们仔细地清除掉，避免落入喷嘴内部并形成短路。当送丝速度太慢时，还必须清除掉因送丝速度太慢形成的金属微粒，避免短路。

（8）焊枪喷嘴的调整。焊机的焊枪有两个主要功能：一为提供合适的气体保护；二为给工作部位加压，以避免焊丝溢出熔池。

若绝缘有问题（如喷嘴落入熔滴），应流入焊丝的电流便会转移到气体喷嘴上，造成焊丝的燃烧和飞溅，会将喷嘴烧掉。在脏的或生锈的金属上焊接时，会对喷嘴造成严重冲击，应先进行清洁，然后进行正常的焊接，在锈蚀的表面进行焊接时，需将送丝速度减慢。

在惰性气体保护焊焊机的几个主要组成部分中，喷嘴最关键，其次为送丝机构，受到堵塞或损坏的管道使送丝速度不稳定，同时产生许多金属熔滴，造成气体喷嘴的短路。使用气体喷嘴的注意事项如下。

① 距离调整。调整导电嘴到喷嘴的距离为 3 mm 左右，焊丝伸出喷嘴大约5~8 mm。将焊枪的导电嘴放在接近母材的地方，焊枪开关被接通以后，焊丝开始送进，同时保护气体也开始流出，焊丝的端部和板件相接触并产生电弧。若导电嘴和板件之间的距离稍有缩短，将比较容易产生电弧，若焊丝的端部形成了一个大的圆球，将难以产生电弧，因此应立即用偏嘴钳剪除焊丝端部的圆球。在剪断焊丝端部的圆球时，不得将导电嘴指向操作人员的脸部。

② 喷嘴溅出物的处理。若溅出物黏附于喷嘴的端部，会使保护气体无法顺利流出影响焊接质量，应快速清除焊接溅出物，使用防溅剂来减少粘附于喷嘴端部的溅出物。导电嘴上的焊接溅出物还会阻碍焊丝进给，接通送丝开关后，焊丝如果不能顺利地通过导电嘴，就会在焊机内扭曲，此时用一个合适的工具（如锉刀）清除掉导电嘴上的溅出物，然后检查焊丝是否可以平稳地流出。

③ 导电嘴的检查。坏了的导电嘴应及时更换，以保证产生稳定的电弧。为了得到平稳的气流和电弧，应适当拧紧导电嘴。

（9）电源的极性调整。电源的极性对于焊接熔深有着重要作用。直流电源的连接方式通常为直流反向极性连接，即焊丝为正极，工件为负极，采用这种连接时，焊接熔深最大。若需焊接的材料非常薄，需以正向极性连接方式进行焊接，焊丝为负极，工件为正极，焊接时在焊丝上生成更多的热量，工件上的焊接熔深较浅。采用正向极性的缺点为会产生许多气泡，需要更多的抛光。

（六）焊接用固定夹具

大力钳、C 形夹钳、薄板螺钉、定位焊夹具或各种专用夹具（图 5-2-7），均是焊接过程中必不可少的工具。在焊接前要用焊接夹具把所要焊接的部件正确地夹在一起。在不能夹紧的地方，常用锤子与铆钉将块金属板固定在一起。

在有些情况下，一块金属板的两边无法同时夹紧。此时，可采用一种简单的方法，即使用一些薄板金属螺钉将两块金属板固定在一起，以便于在焊接过程中得到适当的定位。在用薄板金属螺钉将两块金属板固定在一起之前，应在两块金属板上打一些孔，通常将孔打在金属板上离操作者最近的地方。焊接完成后，要对这些孔进行塞焊。在少数情况下，虽然焊接夹具能够将需要焊接的两块金属板对准了，但是无法保持焊接部位所需要的夹紧力，此时应采用一些其他的夹紧装置来保证两块金属板可以紧密地固定在一起。

（七）惰性气体保护焊的焊接位置

在车身维修时，焊接位置一般由汽车上需要进行焊接部件的位置决定，焊接参数的调整也会受到焊接位置的影响。

（1）平焊。平焊通常容易进行，而且它的焊接速度较快，可以得到最好的焊接熔深。对从汽车上拆卸下的零部件进行焊接时，尽可能地将它放在可以进行平焊的位置。

（2）横焊。水平焊缝进行焊接时，应使焊炬向上倾斜，以避免重力对熔池的影响。

（3）立焊。垂直焊缝进行焊接时，应让电弧从接头的顶部开始，并平稳地向下拉。

（4）仰焊。最难进行的焊接是仰焊。仰焊容易出现熔池过大的危险，而且一些熔融金属会落入喷嘴而引起故障。在进行仰焊时，一定要使用较低的电压，同时还要尽可能地使用短电弧和小的焊接熔池。将喷嘴推向工件，以确保焊丝不会向熔池外移动。最好可以沿着焊缝均匀地拉动焊炬。

在实际的车身焊接操作中，尽可能地要采用平焊或横焊的方式来操作，以达到最好的焊接效果。有时无法进行这两种焊接操作的，只要把焊接部件转换一个角度就能够进行了。

（八）惰性气体保护焊的各种基本焊接方法

（1）惰性气体保护焊的 6 种基本的焊接方法

① 定位焊。这种方法实际上是一种临时点焊，即在进行永久性焊接前，用很小的临时点焊来代替定位装置或薄板金属螺钉，对需要焊接的工件进行固定。和定位装置或薄板金属螺钉一样，定位焊是一种临时性的措施，各焊点间的距离大小与板件的厚度有关，通常其距离为板件厚度的 15~30 倍，要求板件之间要正确地对齐。

② 连续焊。焊枪慢慢、稳定地向前运动，形成连续的焊缝，操作中保持焊枪的稳定进给，避免产生晃动。采用正向焊法时，连续地匀速移动焊炬，时常观察焊缝，焊炬应倾斜 10°~15° 以便于获得最佳形状的焊缝、焊接线和气体保护效果，导电嘴到板件之间应保持适当的距离，焊枪应保持正确的角度。若无法正常进行焊接，原因可能是焊丝太长，焊丝过长，金属的焊接爆深将会减小。为了获得适当的焊接熔深，提高焊接质量，应使焊枪靠近板件，平稳、均匀地操纵焊炬，将获得高度和宽度恒定的焊缝，并且焊缝上带有许多均匀、细密的焊波。

③ 塞焊。塞焊时应在外面的一个或若干个板件上打一个孔，电弧穿过此孔，进入里面的工件，这个孔被熔化的金属填满，板件即焊接在一起。

④ 点焊。当送丝定时脉冲被触发时，电弧引至被焊的两块金属板，将两层金属板熔化熔合焊接在一起。

惰性气体保护点焊又称为可熔性点焊，因为焊丝会在焊接处熔化，可熔性点焊有多种操作方法，在所有的车身部位借助各种喷嘴均可进行可熔性点焊。当对厚度不同的金属进行点焊时，应将较轻的金属焊接到较重的金属上。

与脉冲焊接相比，点焊一般需要较多的热量，对点焊工艺参数进行调整时，宜借助金属样品。为了检验点焊的质量，可将焊接为一体的两个样品拉开，高质量的焊接接头会在底层的试样上裂开一个小孔，若焊接接头很容易被拉开，则应延长焊接时间或提高焊接温度。每完成一次点焊，均应断开触发器，然后将触发器合上，以便于进行下一次点焊。惰性气体保护点焊有一个优点，即完成焊接后，容易对焊缝的隆起部分进行抛光，且抛光不会形成任何需要重新填满的凹坑。

脉冲控制使得在金属材料上连续进行的焊缝较少产生烧穿或变形，不仅可按预定的时间启动并停供焊丝，不需松开触发器，还可按操作者的习惯及板件的厚度来调整两次脉冲焊接的时间间隔。

⑤ 搭接点焊。搭接点焊法是将电弧引至下层的金属板，并且使熔融金属流入上层金属板的边缘。

⑥ 连续点焊。连续点焊是一系列相连或重叠的点焊，形成连续的焊缝。

（2）车身板件焊接的基本操作方法

车身维修所用的惰性气体保护焊包括各种对接焊、搭接焊、塞焊及点焊。每种类型的焊缝均可用几种不同的方法进行焊接，主要依据给定的焊接条件和参数来决定采用哪种方法，这些条件和参数包括金属的厚度与状态、被焊接的两个金属工件之间的裂缝的数量（若有裂缝）、焊接位置等。例如，可采取连续焊或连续点焊的方法进行对接焊。在进行永久性的连续焊或连续点焊时，也可以沿着焊缝上的许多不同点进行定位焊，用这种方式来固定需要焊接的工件。搭接和凸缘连接可采用上述 6 种焊接技术。

① 对接焊。对接焊是将两个相邻的金属板边缘装置在一起，沿着两个金属板相互配合或对接的边缘进行焊接的一种方法。

A. 连续焊在对接焊中的应用。进行对接焊时必须注意（特别是在薄板上）每次焊接的长度最好不超过 20 mm，既要密切注意金属板的熔化、焊丝及焊缝的连续性，还要注意焊丝的端部不得偏离金属板间的对接处。若焊缝较长，最好在金属板的若干处先进行定位焊（连续点焊），以避免金属板变形。焊接时要采取分段焊接，让某一段区域的对接焊自然冷却后，再进行下一区域的焊接。

即便外层低碳钢金属板对接焊的敏感性较小，焊接时也要分段焊接，以避免因为温度升高引起弯曲和变形。为了把间隔开的焊缝之间的间隙填满，可先用砂轮磨光机顺着金属板表面研磨，然后再将间隙中填满金属。若焊缝表面未经研磨便将焊接金属填入，则会产生气泡。

在焊接金属薄板时，若薄板厚度为 0.8 mm 以下，必须采用不连续的焊接（即连续点焊），以避免烧穿薄板。保持适当的焊炬角度，并按正确的顺序操作，便可获得高质量的焊缝，可采用逆向焊法来移动焊炬，这样较容易对准焊缝。

若采用对接焊方法没有获得预期的效果，原因可能是导电嘴与板件金属之间的距离过大。焊接熔深随着导电嘴和板件金属之间距离的增加减小，操作时尝试将导电嘴和板件金属之间的距离保持几个不同的值，直到获得理想的焊缝，此时的距离值即为最佳值。

焊枪移动得过快或过慢，均将使焊接质量下降。焊接速度过慢将会引起熔穿；相反焊接速度过快将导致熔深变浅使降低焊接强度。

即使在对接焊的过程中形成了理想的焊缝，若从金属的边缘处或靠近边缘的地方开始焊接，金属板仍会产生弯曲变形。因此，为了避免金属板弯曲，应从工件的中心处开始焊接，并经常改变焊接的位置，方便将热量均匀地扩散到板件金属中去。金属板的厚度越小，焊缝的长度应越短。

对接焊时熔深一定要够到焊缝的背部，当对接焊的金属厚度为 1.6 mm 以上时，必须留一个坡口，以保证有足够的熔深。当实际需要焊接的地方没有坡口，可在焊缝处磨出一个 V 形坡口，使熔深到达焊缝的背部。同时，对接焊完成后不需要再加固，由于在加固过的地方会产生应力集中，使加固过的焊缝强度弱于未经加固的焊缝强度。

B. 脉冲点焊在对接焊中的使用。可使用惰性气体保护焊焊机进行脉冲点焊操作。现在大多数车身维修用气体保护焊焊机均带有内部定时器，一次点焊后便会切断送丝装置并且关闭电弧，间隔一定时间后重新开始下一次点焊，间隔时间的设定值取决于工件的厚度。

用气体保护焊焊机进行点焊操作时，最好用一个专用喷嘴来代替通常的喷嘴，将具有点焊控制、焊接热量和回烧时间控制功能的焊枪安装到位，然后将喷嘴指向焊接部位并启动焊枪。经过极短的时间以后，送丝时间脉冲被触发，焊接电流被接通，这时电弧熔化外层金属并进入内层金属，然后焊枪自动关闭。无论将焊枪开关触发多长的时间均不起作用，若将触发器松开，然后再次施压，便可获得下一个点焊脉冲。

因为条件上的差异，难以确定惰性气体保护点焊的质量。因此，在承受载荷的板件上，最好采用塞焊或电阻点焊方式进行焊接。在焊接各种薄型的非结构性金属板和外壳上的搭接缝与凸缘时，搭接点焊即为一种常用的快速有效的方法，这种方法需要设定点焊时间脉冲，将点焊喷嘴置于外层金属板凸缘的上方，角度大约为 90°，使它可以同时接触两层金属板，电弧熔入凸缘，然后进入下层金属板。

C. 连续脉冲点焊在对接焊中的使用。气体保护连续点焊使用通常的喷嘴，不使用点焊喷嘴，连续点焊时要将点焊的方法和连续焊的焊炬操作和运行方法结合起来。焊接操作是焊接—冷却—焊接—冷却的过程，在电弧关闭的时候，焊接过的部位会稍有冷却并开始凝固，然后再进行下一个部位的焊接，这种间歇方式形成的变形较小，熔透和烧透的现象较少。连续点焊的特征使它可用于薄型装饰性金属板的连续焊接。

连续点焊的间歇式冷却与凝固使它的变形比连续焊接小。对立焊或仰焊缝进行连续点焊时，焊接熔池不会因过热造成熔融金属流淌。

② 搭接焊。搭接焊是在需要连接的几个相互重叠金属板上表面的棱边处将两个金属表面熔化，这种操作方法和对接焊相类似，所不同的是其上表面只有一个棱边。搭接焊只能用于维修原先在制造厂进行过这种焊接的地方，或用于维修外板和非结构性的金属板，当需要焊接的金属多于两层时，不得采用这种方法。搭接焊操作时也要采用对接焊中所采用的温度控制方法，应按照能使焊接部位自然冷却并且预防温度上升的顺序进行焊接。

③ 塞焊。在车身维修中，可采用塞焊来代替汽车制造厂的电阻点焊。塞焊往往用在车身上曾在汽车制造厂进行过电阻点焊的所有地方，使用不受限制，并且焊接后的接头有足够的强度来承受各结构件的载荷，同时还可以用于装饰性的外部板件和其他金属薄板上。塞焊是点焊的一种形式，是仅由一个孔进行的点焊，在需要连接的外层板件上钻（或冲）一个孔来进行焊接，通常结构性板件的孔直径为 8 mm，装饰性板件上孔的直径是 5 mm，在装饰板件上孔太大会使后面的打磨工作量增加。先将两板件紧紧地固定在一起，焊枪和被焊接的表面维持一定的角度，将焊丝放入孔内，触发电弧，迅速断开触发器，熔融金属填满该孔并凝固。必须要让焊接深入到下面的金属板，在金属板下面的半球形隆起表示有适当的焊接熔深。

间断的塞焊焊接会在金属表面上产生一层氧化物薄膜，形成气泡，若发生这种情况，可用钢丝刷来清除氧化物薄膜。在进行一个孔的焊点塞焊时应一次完成，避免二次焊接。

塞焊焊接过的部位应该自然冷却，然后才能够焊接相邻部位。不能用水或压缩空气对焊点周围进行强制冷却，应让其自然地冷却，减小金属板的变形，并使金属板保持原有的强度。

塞焊还可用于将两个以上的金属板连接在一起。当需要将两个以上的金属板焊接在一起时，需在每一层金属板上冲一个孔（最下面的金属板除外），每一层附加金属板的塞焊孔直径不得大于最上层金属板塞焊孔的直径。采取塞焊法焊接不同厚度的金属板时，应将较薄的金属板放在上面，并在较薄的金属板上冲较大的孔，这样能够确保较厚的金属板能首先熔化。进行高质量塞焊的要素如下。

一是，调整合适的时间、电流、温度。

二是，把各工件紧密地固定在一起。

三是，焊丝和被焊接的金属相熔。

四是，底层金属应首先熔化。

五是，夹紧装置必须在焊接位置的附近。

（九）镀锌金属的惰性气体保护焊

对镀锌钢材进行气体保护焊接时，不必将锌清除掉。若将锌磨掉，金属的厚度降低，强度也随之降低，该区域就非常容易受到腐蚀。

焊接镀锌钢材时，应采用运行速度较低的焊枪，这是由于锌蒸气容易上升到电弧的范围内，干扰电弧的稳定性。焊枪运行速度较低，将使锌在焊接熔池的端部烧掉。根据镀锌层的厚度、焊接的类型及焊接的位置来决定焊枪运行速度。

与无镀层的钢相比，镀锌钢材的焊接熔深略浅，因此对接焊时需要底部的直角边缘间隙稍大，为了避免较宽的间隙造成烧穿或过量的熔深，焊接时应使焊枪左右晃动。焊接镀锌钢材产生的溅出物也比较多，因此应在焊枪喷嘴的内部加上防溅剂，并且应该经常清洁喷嘴。

镀锌钢板焊接时会产生锌蒸气，锌蒸气有毒，因此应有良好的通风条件，并且操作人员在焊接操作时必须戴上供气式防毒面罩。

（十）焊接质量的检查

在每一次焊接的过程中，都应检查焊接的质量，可以用一些试验板来进行检查。在对汽车上的零部件进行焊接以前，可以先在一些金属板上进行试焊，这些金属板和汽车上需要焊接的零部件材料相同。焊接试验板时，焊机的各项参数应调整适当，这样车身板件的焊接质量就有了保障。试验板的焊接处用凿子断开，以检验焊接的质量。下面是车身维修中常用的搭接焊、对接焊和塞焊焊接质量的检验标准，试验板件的厚度都是 1 mm。

（1）搭焊和对接焊的焊疤的测量标准具体如下。

① 工件正面。最短长度 25 mm，最长长度 38 mm，最小宽度 5 mm，最大宽度 10 mm。

② 工件背面。焊疤宽度 0~5 mm。

③ 对接焊工件夹缝宽度是工件厚度的 2~3 倍。

（2）塞焊的焊疤的检测标准具体如下。

① 工件正面。焊疤直径最小为 10 mm，直径最大为 13 mm。

② 工件背面。焊疤直径为 0~10 mm。

③ 焊疤不得有孔洞或焊渣等缺陷。

（3）焊件焊疤高度检测标准焊件正面焊疤最大高度不高于 3 mm，焊件背面焊疤最大高度不高于 1.5 mm。

（4）搭焊和对接焊的焊疤的破坏性实验检测标准搭焊撕裂的工件上必须有和焊疤长度相等的孔。对接焊撕裂破坏后工件上必须有和焊疤长度相等的孔。

（5）塞焊焊疤的破坏性实验检测标准塞焊扭曲破坏后，下面工件上应有直径不小于 10 mm 的孔。

（十一）惰性气体保护焊的焊接缺陷及原因

1. 气孔、凹坑

气体进入焊接金属中将产生气孔或凹坑。产生的原因有板件上有锈迹或污物；焊丝上存在锈迹或水分；保护不当、喷嘴堵塞、焊丝弯曲或气体流量太小；焊接时冷却速度过快；电弧过长；焊丝规格有误；气体被不适当封闭；焊接表面不干净等。

2. 咬边

咬边是因为过分熔化板件形成一个凹坑，使板件的横截面减小，严重降低了焊接部位的强度。产生的原因有电弧过长；焊枪角度不正确；焊接速度太快；电流太大；焊枪送进过快；焊枪角度不稳定等。

3. 不正确熔化

不正确熔化是发生在板件和焊接金属之间，或发生在两种熔敷金属之间的不熔化现象。产生的原因有焊枪的移动过快；电压过低；焊接部位不干净等。

4. 焊瘤

角焊比对接焊更容易出现焊瘤。焊瘤会引起应力集中而导致过早腐蚀。产生的原因有焊接速度过慢；电弧太短；焊枪移动过慢；电流太小等。

5. 熔深不足

此种缺陷是因为金属板熔敷不足产生的。产生的原因有电流太小；电弧太长；焊丝端部没有对准两层金属板的对接位置；槽口太小等。

6. 焊接溅出物太多

过多的溅出物在焊缝的两边形成很多斑点和凸起。产生的原因有电弧过长；板件金属生锈；焊枪角度过大等。

7. 焊缝浅

角焊时在焊缝处容易出现溅出物，同时焊缝浅。产生的原因有电流太大；焊丝规格有误等。

8. 垂直裂纹

裂纹一般只发生在焊缝顶部表面。产生的原因主要是焊缝表面有污物（油漆、油、锈斑）。

9. 焊缝不均匀

焊缝不是均匀的流线形，是不规则形状。产生的原因有焊枪嘴的孔被破坏或变形，焊丝通过嘴口时发生摆动；焊枪不稳定；移动速度不稳定等。

10. 烧穿

烧穿的焊缝内有很多孔。产生的原因有焊接电流太大；两块金属之间的坡口太宽；焊枪移动速度过慢；焊枪到板件之间的距离太短等。

二、电阻点焊

（一）电阻点焊的特点

电阻点焊是汽车制造厂在流水线上对整体式车身进行焊接时最常用的一种方法。在整体式车身上进行的焊接中，有 90%～95% 均采用电阻点焊。

在维修大量采用高强度钢和超高强度钢的车身时，要求采用电阻点焊机进行焊接维修，这种焊接方式像制造厂焊接那样进行点焊连接。在应用点焊设备时，操作者必须选择合适的加长臂和电极，以便于到达需要焊接的部位，采用挤压式电阻点焊机进行焊接时，应恰当调整对金属板的夹紧力。在一些设备上，可同时调整电流强度与焊接时间，调整完毕后将点焊机定位在需要焊接的金属板处，必须使电极的极性相反，然后触发开关，开始点焊。

在焊接前，应先查阅汽车制造厂提供的汽车维修说明书。更换车身上的各种面板及内部板件时，所有焊接接头的大小应与原来制造厂的焊接接头相类似。除电阻点焊外，更换零部件后的焊接接头的数量应与原来的焊接接头数量相等，强度和耐久性需要依据焊接到车身上的零部件位置决定。根据部件的功用、物理性能和在车身上的位置等因素，汽车制造厂均规定了维修中各部件最佳的焊接方法。

车身维修所用的电阻点焊机一般是指需要在金属板两边同时进行焊接的设备（双面点焊设备），不是指那种从同一边将两块金属板焊接起来的点焊机（单面点焊设备）。双面点焊用于结构性部件的点焊，单面点焊的强度比较低，通常只能用于外部装饰性面板的焊接。电阻点焊过程中产生的热量少，对板件的影响小，能够快速、高质量的焊接，对操作者要掌握操作技巧的要求也比较少。

电阻点焊机可用于焊接整体式车身上要求焊接强度好、不变形的薄型零部件，如车顶、窗洞和门洞、车门槛板以及许多外部壁板等部件。使用电阻点焊机时，维修人员必须知道如何调整焊机，如何进行试焊和焊接。电阻点焊焊接有以下优点。

（1）焊接成本比气体保护焊低。

（2）无焊丝、焊条或气体等消耗。

（3）焊接过程中不生成烟或蒸气。

（4）焊接时不需要去除板件上的镀锌层。

（5）焊接接头的外观质量和制造厂的焊接接头完全相同。

（6）不需要对焊缝研磨。

（7）速度快，只需1 s或更短的时间就能焊接高强度钢、高强度低合金钢或低碳钢。

（8）焊接强度高，受热范围小，金属不容易变形。

（二）电阻点焊的焊接原理

电阻点焊是借助低电压、高强度的电流流过夹紧在一起的两块金属板时产生大量的电阻热，用焊枪（焊炬）电极的挤压力将它们熔合在一起的（图 5-2-1）焊接方法。

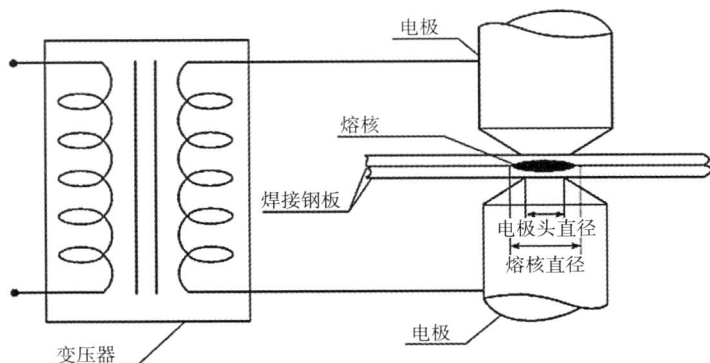

图 5-2-1　电阻点焊原理

电阻点焊的三个主要参数是电极压力、焊接电流和加压时间。

1. 电极压力

两个金属件之间的焊接机械强度和焊枪电极施加在金属板上的力有直接关系。当焊枪电极将金属板挤压在一起时，电流从焊枪电极流入金属板，使金属熔化并且熔合。焊枪电极的压力太小、电流过大均会产生焊接飞溅物，导致焊接接头强度降低。焊枪电极压力过大会引起焊点过小，并降低焊接部位的机械强度。焊枪电极压力太高会使电极头压入被焊金属软化的部位过深，造成焊接质量降低。

2. 焊接电流

通常通过对焊点部位的颜色变化就能够判断电流的大小。如图 5-2-2（a）所示焊接电流正常时，焊点中间电极触头接触部分的颜色不会产生变化，与未焊接之前的颜色相同。如图 5-2-2（b）所示焊接电流大时，焊点中间电极触头接触部分的颜色变深。

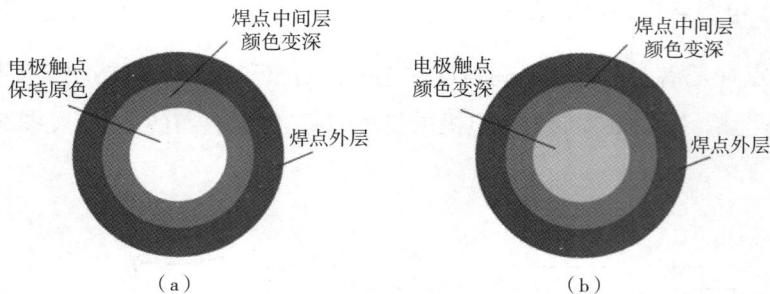

图 5-2-2 焊接电流影响焊点颜色的变化

3. 加压时间

电流停止后，焊接部位熔化的金属开始冷却，凝固的金属形成了圆平的焊点。焊点施加的压力恰当会使焊点的结构非常紧密，有很高的机械强度，加压时间是一个至关重要的因素，时间太短会使金属熔合不够紧密，焊接操作时的加压时间通常不少于焊机说明书上的规定值。

（三）电阻点焊机设备组成

电阻点焊机包括变压器、控制器和带有可更换电极臂的焊枪（焊炬）。

1. 变压器

变压器将低电流强度的 220 V 或 380 V 车间线路电流转变为低电压（2~5 V）、高电流强度的焊接电流，以免电击产生危险。小型点焊机的变压器可安装于焊炬上，也可通过电缆和焊炬相连安装于远处。想要安装在焊炬上变压器的电效率高，变压器与焊炬之间焊接电流损失很小，焊炬和变压器分离的点焊机变压器功率一定要大，并且要使用较大的线路电流，以补偿连接变压器和焊炬的长电缆所产生的电力损失。当使用加长型或宽距离的电极臂时，高强电流会因为电缆线长度增加降低，因此可调节焊机上的控制器，将输出的电流强度调高。

2. 焊机控制器

焊机控制器既可调节变压器输出焊接电流的强弱，又可调节精确的焊接电流通过的时间。在焊接时间内，焊接电流被接通并且通过被焊接的金属板，然后电流被切断，通常车身维修所用的焊接时间最好在 1/6~1 s（10~60 次循环 / min）范围内。

焊机控制器可以进行全范围的焊接电流调整，焊接电流的大小由需要焊接金属板的厚度和电极臂长度来决定。当使用缩短型电极臂时，需减小焊接电流；当使用加长型或宽距离的电极臂时，应增大焊接电流。

某些电阻点焊机上还带有额外的控制装置，当需要焊接的金属表面上产生了轻微锈蚀，这种装置能够自动提供电流补偿以达到良好的焊接质量。

3. 焊枪（焊炬）

焊枪通过电极臂向被焊金属提供挤压力，并流入焊接电流。大多数电阻点焊机均带有一个加力机构，能够产生很大的电极压力来稳定焊接质量，这些加力机构有的是用弹簧的手动夹紧装置或由气缸产生压力的气动夹紧装置。有些小型的挤压型电阻点焊机不具备增力机构，完全靠操作人员的手来控制压力的大小，因此无法用于维修车身结构时的焊接操作。

车身维修所使用的焊枪随着焊臂的加长，焊接压力会减小，焊接质量会下降，当配备 100 mm 或更短的缩短型电极臂时，其最大焊接能力达二层 2.5 mm 厚的钢板。通常要求配有加长型或宽距离电极臂的焊机最少可焊接二层 1 mm 厚的钢板。

用于整体式车身维修的电阻点焊机带有全范围的可更换电极臂装置，可以焊接车身上各个部位的板件。各种电极臂的选用能够焊接汽车上大多数难以焊接的部位，如轮口边缘、流水槽、后灯孔，以及地板、车门槛板、窗洞、门洞和其他焊接部位。维修人员在修理车身时，应查阅维修手册寻找适合的专用电极臂，以便对汽车上难以焊接的部位进行焊接。

（四）电阻点焊机的调整

为使点焊部位有足够的强度，在进行操作前，应根据下列步骤对电阻点焊机进行检查和调整。

1. 选择电极臂

应依据需要焊接的部位来选择电极臂。电极臂选择的原则是多个电极臂均能焊接某一个部位时，尽可能地选择最短的电极臂。

2. 调整电极臂

为了获得最大的焊接压力，焊枪的电极臂应尽可能地缩短。要将焊枪电极臂和电极头完全紧固，使它们在工作过程中无法松开。

3. 两个电极头的对准

将上、下两个电极头对齐同一条轴线上。电极头对准状况不好会使加压不充分，会造成电流过小，导致焊接部位的强度降低。

4. 选择电极头直径

电极头直径增大，焊点的直径将减小，电极头直径小到一定值以后，焊点的直径将停止增大，因此必须选择适当的电极头直径，以便得到理想的焊接深度。

在开始操作前，注意电极头直径是否合适，并且用锉刀将它锉光，以便清除掉电极头表面的燃烧生成物和杂质。当电极头端部的杂质增多，该处的电阻也随之增加，这将会减小流入母材的电流且减少焊接熔深，导致焊接质量下降，持续焊接一段时间后，电缆线和电极头端部会由于散热不好造成过热，这将使电极头端部过早地损坏而加大电阻，并使得焊接电流急剧下降。在使用没有强制冷却（循环水冷却）的电极操作时，焊接 5~6 次之后，让电极头端部冷却再进行焊接。

5. 调整电流流过的时间

电流流过的时间与焊点的形成有关。当电流流过的时间延长时，产生的热量增加，焊点直径及焊接熔深随之增大，焊接部位散发出的热量随着通电时间的延长增加。经过一段时间后，焊接温度将不会再增加，即使通电时间超过了这一时间，点焊直径也不会再增加，有可能产生电极端部的压痕和热变形。

许多简单的点焊机均不能调整施加的压力和焊接电流，并且其电流强度值较低，这些焊机在操作时可通过适度延长通电时间（即让低强度的电流流过较长的时间）来确保焊接的强度。

根据金属板的厚度来调节电极臂的长度及焊接时间，通常能获得比较好的焊接效果。若焊机的说明书上已列有这些数值，应在调节过后对金属样片进行试焊，然后检验焊接质量调整焊接参数。

对车身上的防锈钢板进行焊接时，需将焊接普通钢板的电流强度提高10%~20%，以弥补电流强度的损失，通常简单的点焊机若不能调节电流强度，可适当延长通电时间。一定要将防锈钢材和普通钢材区别开，因为在进行打磨准备焊接时，防锈钢板上的锌保护层无法和油漆一起被清除掉。

三、钎焊

（一）钎焊的原理

钎焊只能用在车身密封结构处。在焊接过程中仅熔化有色金属（铜、锌等），不熔化板件（有色金属的熔点低于金属板）。

钎焊类似于将两个物体粘在一起。在钎焊过程中，熔化的黄铜充分扩散至两层板件之间，形成牢固的熔合区，焊接处强度和焰化黄铜的强度相等，小于板件的强度。因此，只能对制造厂已经钎焊的部位进行钎焊，其他地方不得使用钎焊焊接。

钎焊有两种类型，即软钎焊和硬钎焊（用黄铜）。在车身维修中所用的钎焊一般是指硬钎焊。

（二）钎焊的特性

（1）钎焊过程中，两块板件是在较低的温度下结合在一起。板件不熔化，因此板件产生变形和应力较小。

（2）由于板件不熔化，因此能够把焊接时不相熔的两种金属结合在一起。

（3）黄铜在熔化后有优异的流动性，可以顺利地进入板件的狭窄间隙中，填满车身上各焊缝的间隙。

（4）因为板件没有熔化，只是在金属的表面相结合，所以钎焊接头的强度很低。

（5）钎焊操作过程相对比较简便，操作比较容易。

汽车制造厂使用电弧钎焊将车顶与后顶侧板连接在一起。电弧钎焊的原理虽然和气体保护焊接相同（图 5-2-3），但是电弧钎焊不仅使用氧气来取代惰性气体保护焊接中的 CO_2 或 Ar / CO_2 混合气，还需要专用的钎焊丝。电弧钎焊施加在母材金属上的热量较少，母材的变形或弯曲很小，与黄铜熔敷在母材金属上的钎焊方法相比，电弧钎焊缩短了焊接与抛光的时间。另外，电弧钎焊不会产生有毒物质。

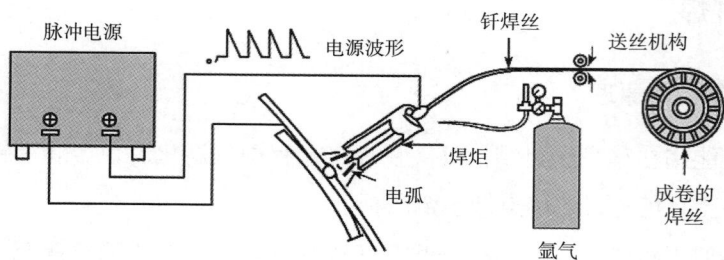

图 5-2-3 电弧钎焊示意图

（三）钎焊使用的材料

为了提高钎焊材料的焊接性能，如流动性、熔化温度、与板件的相熔性和强度等，钎焊材料都是由两种或两种以上的合金构成的。车身修理所用钎焊条的主要成分为铜和锌。

（四）钎焊中焊剂的作用

暴露在空气中的金属表面一般都有一层氧化膜，加热会使这层氧化膜变厚。需要钎焊的金属表面上如果有氧化层或粘有外来杂质，钎焊材料就不能和板件充分粘接，并且表面张力将使钎焊材料变成球形，不粘附在板件上（图 5-2-4）。

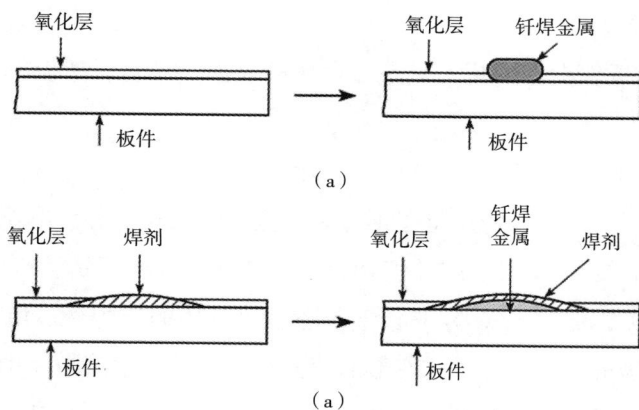

图 5-2-4 钎焊中焊剂的使用

（a）未使用焊剂的情况；（b）使用焊剂的情况

给板件的表面涂上焊剂后，加热会把焊剂变成液体，变成液体的焊剂会清除金属表面的氧化层。氧化层被清除后，钎焊材料将粘接在板件上，同时焊剂还可以预防板件表面进一步氧化，增加板件和钎焊材料之间的粘接强度。

（五）钎焊接头的强度

由于钎焊材料的强度低于板件的强度，接头的形状和间隙决定了钎焊接头结合的强度。钎焊接头的强度取决于需要连接两个工件的表面积，因此需要焊接的部件应该尽量加宽搭接接头的宽度，即使同种材料之间的钎焊，钎焊接头也比其他焊接接头的表面积大。如图 5-2-5 所示为基本的钎焊接头与焊接接头的比较。搭接部位的宽度一般应等于或大于金属板厚度的 3 倍。

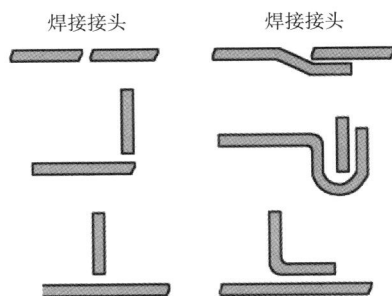

图 5-2-5 焊接接头与钎焊接头

（六）钎焊的操作过程

1. 钎焊操作的一般过程

（1）清洁母材表面。如果板件的表面上粘有氧化物、油、油漆或灰尘，钎焊材料就不能顺利地流到金属表面上。焊剂虽然可以清除氧化层和大部分污染物，但还不足以清除掉所有的污染物，残存在金属表面上的污染物最终还会导致钎焊的失败。所以，在钎焊操作前要用钢丝刷对表面进行机械清洁。

（2）施加焊剂。板件被彻底清洁后，在焊接表面均匀地加上焊剂（如果使用带焊剂的钎焊条，就不需要进行该操作）。

（3）对板件加热。将板件的接合处均匀地加热到能够接受钎焊材料的温度。调节焊炬气体的火焰，使它稍微呈现出碳化焰的状态，根据焊剂熔化的状态，推断出钎焊材料熔化的适当温度。

（4）对板件进行钎焊。当板件达到适当的温度时，将钎焊材料熔化到板件上，并让其流动，当钎焊材料流入板件的所有缝隙后，停止对板件接合处加热。

2. 钎焊操作的注意事项

（1）为了使钎焊材料能顺畅流过被加热的表面，必须将整个接合区加热到同样的温度。

（2）不能让钎焊材料在板件加热前熔化（以免钎焊材料不与板件粘接）。

（3）如果板件的表面温度太高，焊剂无法达到清洁板件的目的，这将使钎焊的粘接力减小，接头的接合强度降低。

（4）钎焊的温度必须比黄铜的熔点高出 30~60 ℃。

（5）焊炬喷嘴的尺寸应略大于金属板的厚度。

（6）给金属板预热，使硬钎焊得到更好的熔敷效率。

（7）钎焊前要用大力钳固定好金属板，防止板件的移动和钎焊部位的开裂。

（8）均匀地加热焊接部位，防止板件熔化。

（9）需要调整热量时，移开火焰，使钎焊部位短暂地冷却。

（10）应尽量缩短钎焊的时间（以免降低钎焊的强度）。

（七）钎焊后的处理

钎焊部位充分冷却以后，用水冲洗掉剩余的焊剂残渣，并用硬的钢丝刷擦净金属表面。焊剂可用砂轮或尖锐的工具清除，如果没有完全清除掉剩余的焊剂残渣，油漆就不能很好地黏附，而且接头处还可能产生腐蚀和裂纹。

（八）软钎焊的操作过程

软钎焊不能用来加固金属板上的接头，只能用于最终的精加工，如校正金属板表面或修正焊接接头的表面。由于软钎焊具有"毛细现象"，可产生极好的密封效果。

在对一个接头进行软钎焊以前，应先将接合处及其周围的油漆、锈斑、油和其他外来杂质清除掉。软钎焊的过程如下。

（1）对需要进行软钎焊的表面加热（加热后用一块布擦净）。

（2）充分摇晃焊膏，然后用刷子将它涂在金属的表面上（所涂的面积应比需要钎焊的面积宽 12~25 mm）。

（3）保持一定的距离加热。

（4）按照从中心到边缘的顺序，擦掉焊膏。

（5）钎焊部位会呈现出银灰色（如果为浅蓝色，表明加热温度过高）。

（6）如果焊接的部位未被焊上，应涂上焊膏重新钎焊。

进行软钎焊时，应记住以下几点。

（1）最好使用专用焊炬进行软钎焊。

（2）钎料所含的锌不少于13%。

（3）保持适当的温度。均匀地移动焊炬，使火焰均匀地加热整个需要钎焊的部位（不能只在某一点加热）。当钎料开始熔化时，移开火焰并用刮刀进行修整。

（4）当需要另涂钎料时，必须对原先涂上的钎料重新加热。

第四节　车身修复的粘接

一、常用的粘接剂

粘接剂又称黏合剂或胶黏剂，它能将两个物体牢固地粘接在一起，起到连接和密封作用，既有较高的粘接强度，又有耐水、耐油、耐热、耐化学药品的性能，能够代替焊接及制钉、螺栓连接。

胶黏剂的种类分为天然黏合剂、热固性树脂胶黏剂、热塑性树脂胶黏剂、橡胶类胶黏剂和混合型胶黏剂等300多种，使用时要依据被粘材料的种类、性质、使用条件和工艺要求等综合因素考虑，来确定不同类型的胶黏剂。目前，汽车上常用的胶黏剂包括环氧树脂胶、酚醛树脂胶、氧化铜胶、合成橡胶等胶黏剂。

二、常用粘接方法

1. 热熔粘接法

通过加热使粘接面熔融，然后叠合加压，冷却凝固达到粘接的目的。可用于热塑性塑料之间的粘接，大多数热塑性塑料在加热到150~230 ℃时可粘接。

2. 溶剂粘接法

非结晶性无定形的热塑性塑料，接头加单纯溶剂或含塑料的溶液，使表面熔融达到粘接目的。

3.胶黏剂粘接法

将两个物体的接头或零件的裂纹用胶黏剂进行粘接，达到所需的强度。各种类型的胶黏剂能够对相应的金属与金属、金属与非金属、非金属与非金属进行粘接。

三、粘接接头设计的基本原则

（1）确保在粘接面上应力分布均匀。

（2）具有最大的粘接面积，提升接头的承载能力。

（3）将应力减少到最低程度，尽量使接头胶层承受拉力、压力和剪力，避免承受剥离力和不均匀扯离力。最好的结构是套接，其次为槽接或斜接。

四、粘接接头的设计形式及特点

任何粘接接头不论多么复杂，均能够简化为四种基本形式，如图 5-4-1 所示。

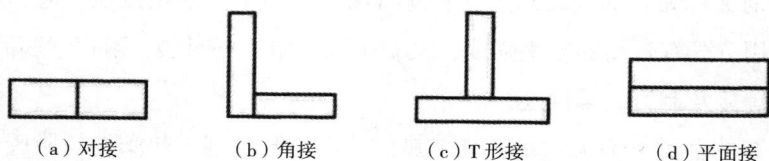

（a）对接　　（b）角接　　（c）T形接　　（d）平面接

图 5-4-1　粘接接头的基本形式

1.对接接头

它的粘接面积小，除拉力外任何方向的力都容易形成不均匀扯离力，从而造成应力集中，因此粘接强度低，通常不采用对接接头采用改进形式，如图 5-4-2 所示。

图 5-4-2　对接接头改进形式

2.角接接头

它的粘接面积小，且所受的力是不均匀扯离力，因此粘接强度很低，应避免采用。必须采用时可采取一些组合的补救措施，如图 5-4-3 所示。

图 5-4-3 角接接头

3.T 形接头

它的粘接强度更低，通常不允许采用，若改变其接头形式，采用支撑接头或插入接头，效果较好，如图 5-4-4 所示。

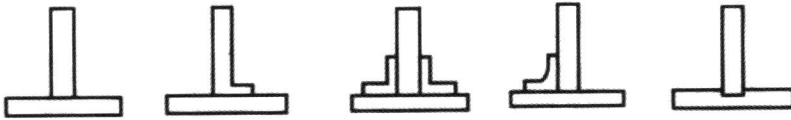

图 5-4-4 T 形接头

4.平面粘接

它的粘接面积大，粘接强度高，当柔性材料与刚性材料之间粘接时，应在粘接的边缘采取避免剥离破坏的措施，如图 5-4-5 所示。

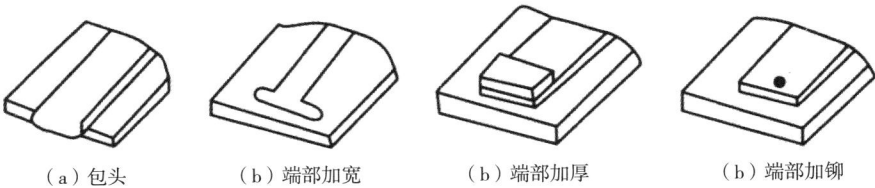

（a）包头　　　（b）端部加宽　　　（b）端部加厚　　　（b）端部加铆

图 5-4-5 平面粘接

五、胶黏剂的选择

1.根据被粘材料化学性质选择胶黏剂

（1）粘接极性材料（包括钢、铝、钛、镁、陶瓷等），需选择极性强的胶黏剂，如环氧树脂胶、聚氨酯胶、酚醛树脂胶、丙烯酸酯胶及无机胶等。

（2）粘接弱极性与非极性材料（包括石蜡、沥青、聚乙烯、聚丙烯、聚苯乙烯、ABS 等），需选择丙烯酸酯胶、不饱和聚酯胶。

2.根据被粘材料物理性质选择胶黏剂

（1）粘接脆性与刚性材料（如陶瓷、玻璃、水泥和石料等），需选用强度高、硬度大和不易变形的热固性树脂胶黏剂，如环氧树脂胶、酚醛树脂胶和不饱和聚酯胶。

（2）粘接弹性与韧性材料（如橡胶、皮革、塑料薄膜等），需选择弹性好、有一定韧性的胶黏剂，如氯丁胶、聚氨酯胶等。

（3）粘接多孔性材料（如泡沫塑料、海绵、织物等），需选择黏度较大的胶黏剂，如环氧树脂胶、聚氨酯胶、聚醋酸乙烯胶、橡胶型胶黏剂等。

3. 根据被粘件使用条件选择胶黏剂

（1）被粘件受剥离力、不均匀扯离力作用时，需选用韧性好的胶，如橡胶胶黏剂、聚氨酯胶等。

（2）在受均匀扯离力、剪切力作用时，需选用比较硬、脆的胶，如环氧树脂胶、丙烯酸酯胶等。

（3）被粘件要求耐水性好的胶，包括环氧树脂胶、聚氨酯胶等；耐油性好的胶，有酚醛丁腈胶、环氧树脂胶等。

（4）根据被粘件的使用温度，选择不同的胶，如环氧树脂胶应在 120 ℃ 以下使用；橡胶胶黏剂应在 80 ℃ 以下使用；有机硅胶应在 200 ℃ 以下使用；无机胶应在 500 ℃ 以下或高达 1000 ℃ 以上使用。

4. 根据不同的工艺方法选择胶黏剂

灌注用的胶黏剂一般选用无溶剂、低黏度胶；密封用的常选择膏状、糊状或腻子状胶黏剂。

六、密封胶黏剂的选用

密封胶黏剂的品种很多，可按照其使用条件和使用部位做如下选择。

（1）干性附着型密封胶黏剂主要用于不经常拆卸的部位，不得在经常承受振动和冲击的连接部位使用。

（2）干性剥离型密封胶黏剂因为其溶剂挥发后能形成柔软具有弹性的胶膜，适用于承受振动或间隙较大的连接部位，不适合大型连接面和流水线装配。

（3）不干性粘接性密封胶黏剂可用于经常拆卸和检修的连接部位，形成的膜长期不干，并保持黏性，耐振动和冲击，不仅适用于大型连接面及流水线装配作业，还更适用于设备的应急检修。

（4）半干性黏弹型密封胶黏剂干燥后具有黏合性和弹性，受热后黏度不会下降，同时复原能力适中，密封涂层较为理想，可单独使用或用于间隙大的接合面。此类密封胶黏剂介于干性及不干性之间，兼有两者的优点，比较常用。

七、影响粘接品质的因素

（1）胶黏剂本身含有不同杂质；超过储存期或保存不当；配制时搅拌不均匀。

（2）被粘材料表面处理品质较差，引起胶黏剂层厚薄不均。

（3）粘接工艺中压力、温度、时间不满足要求。

第五节　汽车钣金凹陷无痕修复技术

一、凹陷无痕修复的方法

（一）加热式无痕修复方法

这种方式主要是针对车身塑料零部件采用的方法，如保险杠出现凹陷变形后，可以用热塑枪或吹风机对凹陷变形部位进行加热处理，当然也可以开水泼在上边进行加热，原理主要是通过加热材料使其硬度降低韧性增强，再用手或撬杆从里边将凹陷部位一点一点地推出来，之后用冷水或湿毛巾浇在表面使材料冷却定型，消除其应力达到修复平整的效果。

（二）拉拔式无痕修复方法

当车身凹陷位置不在零部件的边缘或棱角处时，可以采用橡胶吸盘来进行修复，首先是把凹陷变形处用湿布清洁干净，之后把吸盘的吸面用水打湿（打水是起到密封的一个作用，可以使吸盘紧紧地贴在物体表面），其次把吸盘紧紧地贴在凹陷处，当吸盘吸紧凹陷处后就可以用吸盘拉锤往外拉，直到拉平为止，目前市面上有很多种吸盘修复工具。如果用吸盘修复不完整或不能用吸盘修复时就要用到另外一种工具——凹陷拉拔器套装工具，里面的工具基本齐全，如有吸盘、热熔胶枪、胶条、照明灯、橡胶锤等，小面积的凹陷选用桥式修复器进行修复。

（三）顶翘式无痕修复方法

该方法是基于光学、物理、力学原理，采用杠杆原理将车身变形凹陷处修复平整的一种方法，这种方法需要使用不同形状的撬杆从凹陷变形的反面进行顶翘来完成，首先观察是否有空隙使撬杆触及得到凹陷处的反面位置，如果没有这种空隙，则要对板件的内饰板进行拆解，其次对凹陷处进行清洁处理，再用专用的LED灯架设在凹陷旁边，调整好光线使自己能清晰看见凹陷的变化，最后就是选用适合的撬杆从凹陷背面进行顶翘，直到凹陷修复平直为止。

二、无痕修复技术的优点

（一）不损伤原车漆

汽车无痕修复技术是在传统车身修复的基础上通过采用一些特殊的工艺方式替换或省去一些对车身有损伤的步骤，整个过程都是纯手工物理修复，因此不会对车身造成二次伤害，保留了原车漆。

（二）简化了修复流程

在凹陷损伤修复的过程中，如果涉及的工种或工作流程越多不仅工作量就会增多，也就增加了维修时间，因为工种多了涉及的工作人员就多，过程中的检查交接时间就会增多，对于维修企业来说这是工作效率极低的一种表现，要想提高维修的工作效率，就要简化维修流程，无痕修复技术就可以做到这一点，避免了效率低的情况，它把两个工种的活一起解决了，从而大大提高了工作效率。

（三）价格合理

采用钣金喷漆这种传统的修复方法，会涉及很多的工艺流程，需要更多的人员参与进来，这样就会导致人工费用、耗材费用、水电费用等增加，加大了企业的成本费用，企业要想有利润可图，就会在维修价格上加价，客户会承担更高的维修费，使得客户满意度降低，有可能导致企业客户的流失让损失更大。汽车无痕修复方法省去了很多的工艺流程，既使得人工费、耗材费、水电费等都大大地降低，也使成本费用降低很多，客户支付的维修费用就没有那么的高。虽然这种修复方法的价格一般都是根据车子凹陷情况来定的，凹陷修复难度越大，修复价格越高，不过和钣金喷漆传统的修复工艺相比该技术在工作量和时间上是有很多优势的，所以没有传统的修复方法价格高。

（四）修复效果好

利用无痕修复技术修复后的汽车凹坑，其车身油漆不变色、不褪色，保持爱车的原有状态，免去钣金喷漆带来的色差等一系列问题，这种修复技术能够实现车子保值的愿望。

（五）绿色环保

汽车无痕修复属于纯手工物理作业，没有涉及钣金打磨、刮灰、喷漆等流程，所以这种方法绿色环保无污染，钣金、喷漆会排出废物，对环境造成污染。

三、无痕修复车身凹陷过程

（一）吸盘法拉出凹陷钣金件

吸盘是一种真空式吸盘，利用手拉吸盘时，其吸盘与钣金件凹陷表面间的真空度起吸附作用，从而使凹陷拉平复位。用吸盘拉起凹陷的方法，免去了其他方法所需的拆装内围板、车内装饰件及钻孔、焊孔等麻烦，并且能可靠地保护表面涂层，也不需要再进行表面修整，是一种简单、方便的凹陷修复方法。

（二）凹陷拔起器修复凹陷

（1）使用定影灯观察凹陷的损坏情况，以便制定更好的修复方法。

（2）确定修复方法后，选择好凹陷修复工具（包含凹陷拔起器及尼龙拔头等）。

（3）对凹陷进行观察分析，使用涂胶枪把已经加热的胶小心地涂在尼龙拔头上，然后将涂过胶的尼龙拔头立即粘接在凹陷的中心位置上，同时向下按紧尼龙拔头并停留 2~5 min 左右，使尼龙拔头粘接牢固。尼龙拔头的安装数量根据车身凹陷的面积来确定。

（4）将凹陷拔起器套在尼龙拔头上，然后用适当的力按压凹陷拔起器的手柄，使凹陷慢慢地恢复到原始的位置。如果拔的力过大，会使凹陷上拱，此时使用橡胶锤修平整即可。

（5）使用残留胶清洗剂喷向凹陷涂胶处，使清洗剂从胶体的后面渗入，然后小心取下尼龙拔头。

（6）使用定影灯观察修复情况，确保完全恢复原始的位置后将其表面清洁干净即可。

第六章　钣金结构件的更换与修复

本章主要内容为钣金结构件的更换与修复，详细介绍了 3 部分的内容，分别是钣金结构件的拆卸方法、钣金结构件的更换与调整和钣金结构件的切割与修复。

第一节　钣金结构件的拆卸方法

一、确定点焊位置

为了找到点焊位置，首先要去除底漆、保护层及其他覆盖物。用氧－乙炔焰（气焊）将底漆烧焦，然后用钢丝刷清除，即可显示出点焊轮廓。如果清除油漆后仍不能看清点焊区域，则用錾子楔入两板之间即可发现点焊轮廓。

二、焊点的分离

确定点焊位置之后，可用点焊切割器钻掉焊接点。点焊切割器有两种，一种是钻头式，另一种是孔锯式。无论使用哪种切割器，都应注意切割深度，切勿将焊缝下面的钣金件切去。

等离子焊炬切割器清除焊点速度很快。这种设备有点类似乙炔焊炬（气焊枪），它能够同时在各种厚度的金属中吹洞以清除焊点。因此，操作时应注意保护最下一层金属板不被烧穿。

用高速砂轮也能够分离钣金件焊点。对于那些钻头不方便的焊点或是柱形焊点，可采用砂轮磨削。

三、焊缝的分离

在某些汽车车身中，钣金件是用连续气体保护焊焊缝连接的。因为焊缝较长，所以只能用砂轮或高速砂轮机来清理焊缝，分离钣金件，如图 6-1-1 和图 6-1-2 所示。

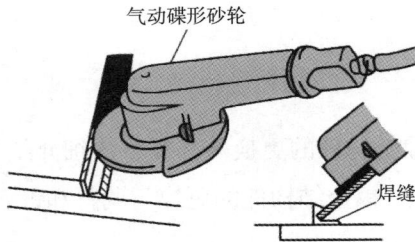

气动碟形砂轮

焊缝

图 6-1-1　用碟形砂轮清除连接焊缝

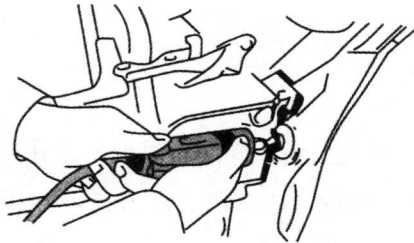

图 6-1-2　高速砂轮机清除连续焊缝

四、钎焊的分离

钎焊多用于外盖板边缘处或车顶与车身立柱连接处，一般使用氧－乙炔焊炬熔化钎焊金属来分离钎焊区域。在用电弧钎焊的区域，因为电弧钎焊金属熔化温度比较高，可能导致下面的钣金件被损坏，所以通常采用磨削分离的办法使之分离。区别普通钎焊和电弧钎焊的主要依据是焊缝的颜色，普通钎焊区域是黄铜色的，电弧钎焊区域为淡紫铜色的。

分离钎焊，首先用乙炔焊炬使油漆软化，然后用钢丝刷或刮刀将油漆除去，如图 6-1-3 所示。其次，加热钎焊焊料使之熔化，快速将其清理掉，用錾子嵌入两金属之间，进行分离，如图 6-1-4 所示。

除去油漆层

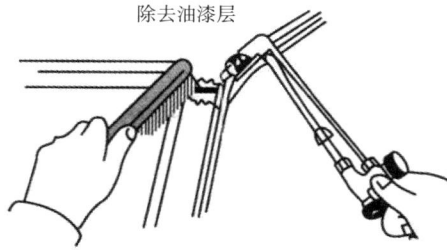

图 6-1-3　从钎焊区域清除油漆

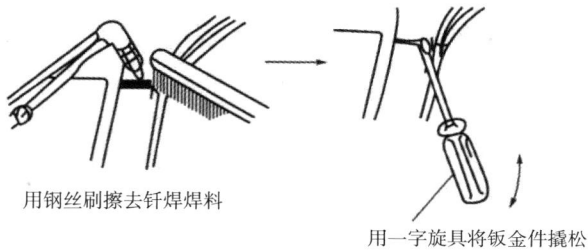

用钢丝刷擦去钎焊焊料

用一字旋具将钣金件撬松

图 6-1-4　分离钎焊连接

　　除去油漆后，发现在电弧钎焊区，采用砂轮切除，如图 6-1-5（a）所示。如果仅要更换上面的钣金件，应避免下面钣金件被切到，如图 6-1-5（b）所示。磨透钎焊焊缝后，用錾子与锤子分离钣金件即可。

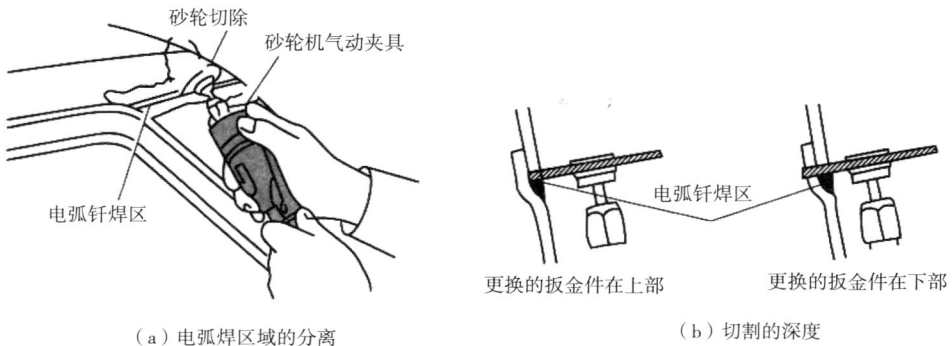

砂轮切除
砂轮机气动夹具
电弧钎焊区

电弧钎焊区
更换的扳金件在上部
更换的扳金件在下部

（a）电弧焊区域的分离

（b）切割的深度

图 6-1-5　分离用电弧焊连接的钣金件

第二节　钣金结构件的更换与调整

一、钣金件的更换

（一）车门槛外板的更换

1. 损伤件的拆卸

（1）把损坏的部分切掉，以方便拆卸，如图 6-2-1 所示。

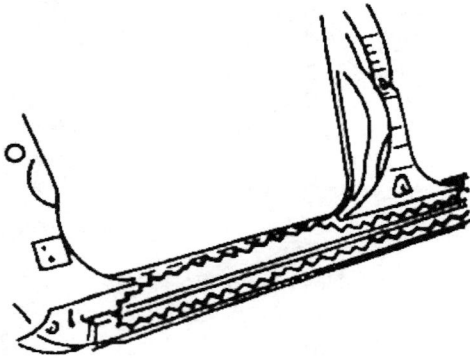

图 6-2-1　切掉门槛损坏的部位

（2）用气动砂轮机打磨掉如图 6-2-2 所示中标有字母"N"处的焊缝。

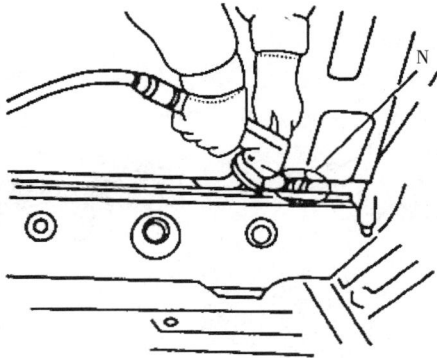

图 6-2-2　打磨掉焊缝

（3）用小型带式打磨器从内侧打磨焊接部位，也可用焊点剔除器剔除焊点。

（4）用电钻逐点钻除如图 6-2-3 所示中用字母"B"标出部位的焊点，这些孔在安装新件时将用来作塞焊孔。至此即可拆下门槛外板。

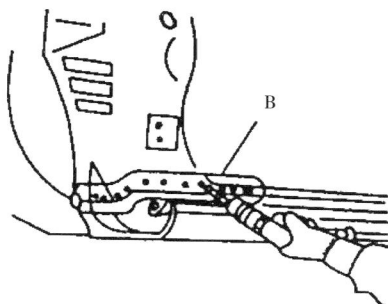

图 6-2-3　钻除焊点

2. 新件的安装

（1）安装新门槛板前应先做一些准备工作，应先在塞焊孔处涂上透焊防蚀涂料。

（2）在后轮罩上与门槛外板的接合部位涂上密封胶。

（3）在门槛接合面上涂敷适当的环氧树脂焊缝粘接剂。注意一定不要将粘接剂直接涂到塞焊孔处。

（4）对好定位孔，将新板放到位，并按如图 6-2-4 所示夹紧。

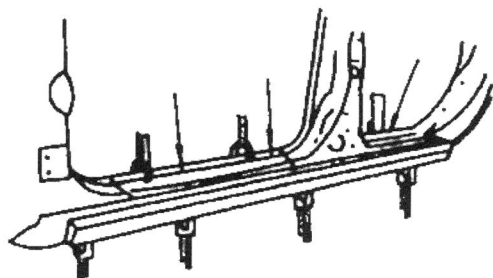

图 6-2-4　新板的夹紧

（5）如图 6-2-5 所示对 A~E 表示的部位进行钎焊，然后在孔内用熔极惰性气体保护焊进行塞焊。

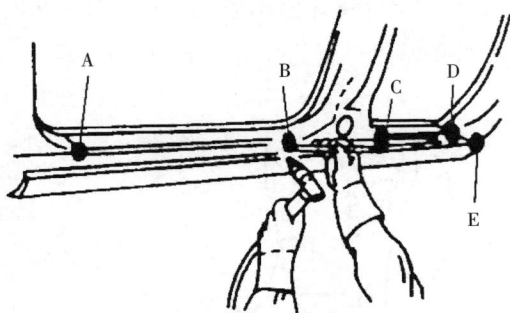

图 6-2-5　钎焊的位置

（6）用气动砂轮机磨平塞焊和钎焊焊迹，然后用砂纸打磨机进行打光，最后再涂上接缝密封胶。

（7）按照正确的方法在新安装的门槛内表面涂防蚀剂，完成安装。

（二）轿车前翼子板内加强板总成、前横梁和散热器支座的安装

（1）检查前翼子板内加强板与纵梁安装面的装配标号是否一致，确认并匹配好之后用夹钳将它们夹紧。

（2）利用杆规检测基准点间的距离来确定零件的位置，把零件定位。在一个位置用定位焊临时固定前横梁，然后垫上木块，并击打木块，木块击打板件使之向必要的方向移动，调整其长度方向上的位置，如图 6-2-6 所示。

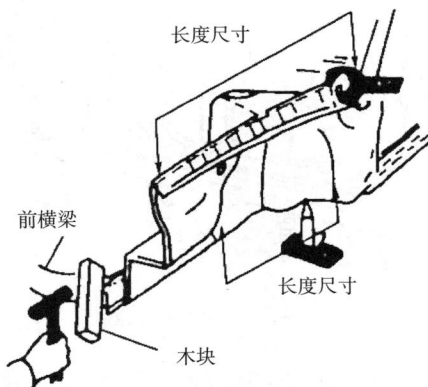

图 6-2-6　长度方向位置的调整

（3）在未焊接的板件端部画上定位线后钻孔，并用钢板螺钉将零件固定在一起，在内加强板部位上画一条线，不要把它们焊接起来。

（4）用自定心规检测车辆两侧的新旧内加强板的相对高度，使之一致，然后用千斤顶支撑住新内加强板，以确保其高度位置不发生变化，如图 6-2-7 所示。

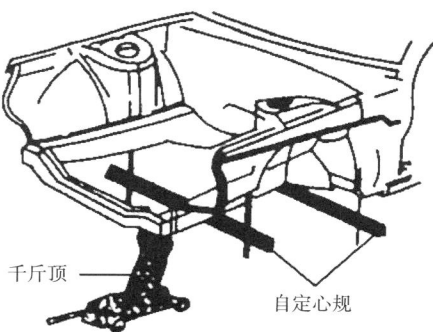

千斤顶

自定心规

图 6-2-7　高度位置的检测及调整

（5）测量宽度和下对角线长度，仍用千斤顶支撑住新板件，以免高度位置发生变化。然后，根据需要调整纵梁位置，得到正确的尺寸，再重新检查、确认高度尺寸，如图 6-2-8 所示。

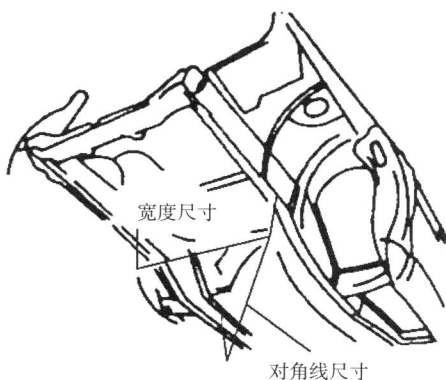

宽度尺寸

对角线尺寸

图 6-2-8　检查下面的对角线和宽度尺寸

（6）仔细确定前横梁的位置，使其左右两端均匀一致。

（7）纵梁的位置尺寸与尺寸图表中所注尺寸确认一致后将它固定，悬架横梁也可用夹具来安装，以足够数量的塞焊点把前横梁与纵梁的连接部位固定好。

（8）确保内加强板的上部尺寸不发生变化，可通过检查所划标线是否产生移位来确认。

（9）检测翼子板后安装孔与悬架座孔或翼子板前安装孔之间的对角线长度。

149

（10）测量在宽度方向上悬架座和前翼子板螺栓孔之间的尺寸，然后把它们固定在一起。

（11）测量纵梁在宽度方向的尺寸。将杆规调至适当尺寸，并根据需要调整内加强板，用夹钳轻松地固定住下支座，然后用手轻轻拍打使其到位。

（12）测量散热器支座的对角线长度，确保这两个尺寸一致，如图 6-2-9 所示。

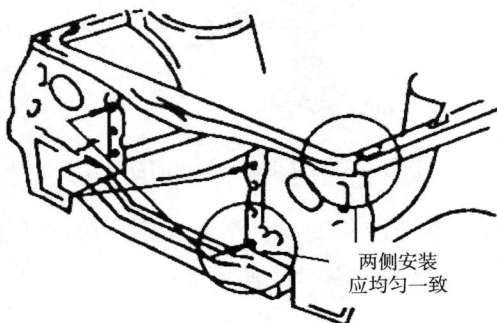

两侧安装
应均匀一致

图 6-2-9　测量散热器支座的对角线长度

（13）临时性安装前翼子板，然后检查它与车门间的位置关系。如果缝隙不合适，原因可能是内加强板或纵梁高度位置不准确。

（14）焊接之前再按上述方法检测一遍，再次验证所有的尺寸。

（三）车门面板的更换

（1）在拆卸车门之前，应检查车门铰链是否弯曲，观察车门与门洞的位置关系。同时，不仅查看面板的固定方式，以确定需要拆卸内部的哪些构件，还应拆下车门玻璃，以免在修理车门时破裂，并且拆下车门，放到合适的工作场所。

（2）用氧乙炔焰炬和钢丝刷除掉面板边缘焊点部位的油漆，用钻和焊点剔除工具除掉焊点。

（3）在门框上贴上标记条，分别测出面板边缘到标记条下边线的距离和面板边缘到门框的距离，如图 6-2-10 所示。

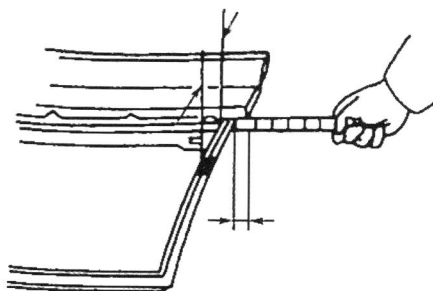

图 6-2-10　测量出面板的位置

（4）用等离子弧切割机或砂轮机把面板与门框之间的钎焊缝剔除。

（5）打磨面板边缘的翻边，只需磨掉边缘使其断开即可，不要打磨到门框上，如图 6-2-11 所示。不要用割炬或电凿来拆卸，以免造成门框变形或被意外割坏。

图 6-2-11　打磨掉车门面板翻边的外缘

（6）用手锤和凿子把面板与门框剥离开来，用铁皮剪沿无法钻掉或磨掉的焊点周围把面板剪开，如图 6-2-12 所示。

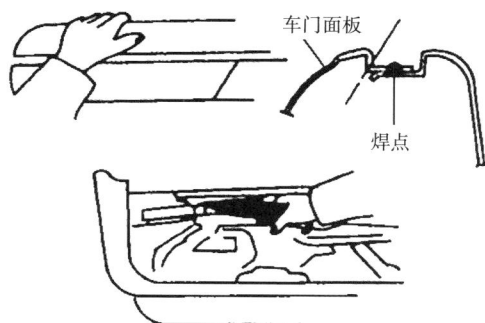

图 6-2-12　用剪刀沿焊点周围剪开

（7）待面板可自由活动时拆下面板。用钳子拆除留下的翻边，再用砂轮机打磨掉残留的焊点、钎料和锈斑。

（8）拆下面板后检查门框的损坏情况，同时对内部损伤进行修理，必要时用手锤和砧铁修理内折边上的损伤。在焊接部位涂上透焊防蚀涂料，其余裸露部位涂防锈漆。

（9）准备安装新面板。钻出或冲出塞焊用孔，用砂纸磨去焊接或钎焊部位的涂层。裸露部分应涂上透焊涂料。有些面板配有隔音板，这些隔音板必须固定到面板上，这时应先用酒精擦净面板，然后用粘接剂将它们粘接起来。在新面板背面涂上车身密封胶，应在距翻边 10 mm 处均匀涂抹，厚度为 3 mm。

（10）用手锤和砧铁进行翻边，翻边时砧铁应包上布，以免划伤面板。翻边应分三步逐渐进行，注意不要使面板错位，不要出现凸起或折痕，如图 6-2-13 所示。

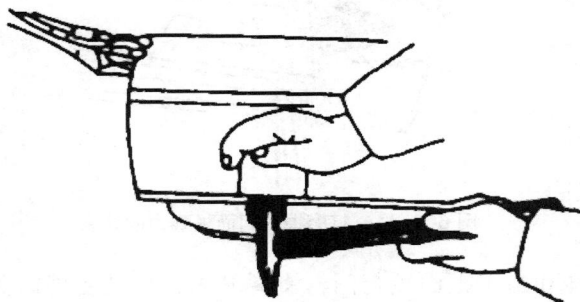

图 6-2-13　敲出面板边缘的翻边

（11）边翻至 30°后，用翻边钳收尾。收尾也应分三步进行，同时注意不要造成面板变形，如图 6-2-14 所示。

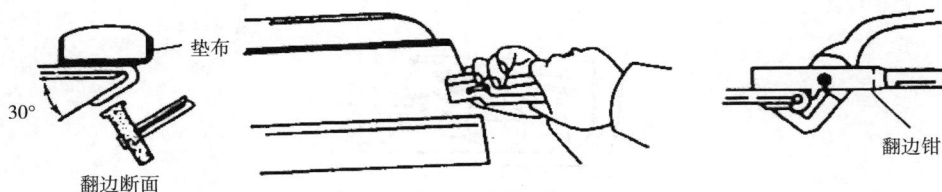

图 6-2-14　用翻边钳进行翻边

（12）用点焊或塞焊焊接车门玻璃框，然后再对翻边进行定位点焊，如图 6-2-15 所示。

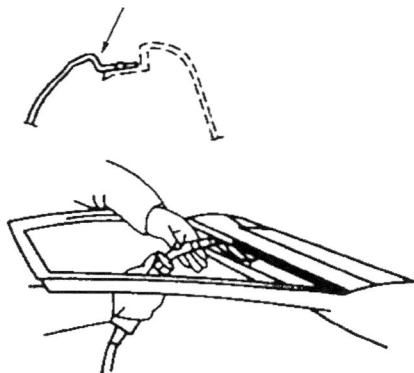

图 6-2-15　车门玻璃框的焊接

（13）在翻边处涂上接缝密封胶，在焊接和钎缝部位的内侧涂上防蚀剂，在新面板上钻出用于安装嵌条和装饰条的孔，同时在安装任何零件前，所有的棱边都应修整好。然后将车门放入门洞内，检查定位状况，为表面修饰做好准备后，把车门装好。

（14）调准车门与相邻板件间的位置关系，检查其转动是否灵活。

（四）散热器框架的更换

更换散热器框架时需使用的工具有 CO_2 气体保护焊机、风铲、点焊机、角磨机、砂光机、车身校正架和去电焊点机。

1. 准备工作

（1）断开蓄电池搭铁线。

（2）拆除下列零部件：大灯、散热器护栅板及饰条、发动机、发动机盖杆、发动机撑杆支架、发动机下锁头、发动机拉索（拆离原处）、散热器、冷凝器、喇叭、前保险杠、前翼子板、线束（拆离原处）。

2. 拆下散热器框架

（1）去除散热器框架与车身接合处的密封剂／填充剂。

（2）钻开下列接合处的点焊点：散热器框架中间支架与散热器下横梁接合处；大灯底板与前部纵梁前轮罩接合处；散热器上板与前轮罩接合处。

（3）拆下散热器框架。

3. 切割区域处理

（1）用钢丝钳修去残余角板，清除毛口。

（2）在焊接后无法接触到的部位涂上冷锌漆。

4. 准备新件

（1）油漆新件内侧。

（2）磨光接合面。

（3）在焊接后无法接触的部位涂上冷锌漆。

5. 焊上散热器框架

（1）将散热器框架用压力钳固定于车身上，核实下面的结构尺寸是否符合标准值。

① 散热器框架上板最右侧安装孔中心至刮水器左侧转动柱安装孔中心尺寸。

② 散热器框架上板最左侧安装孔中心至右轮罩减振器安装孔中心尺寸。

③ 左右前纵梁前端两中心之间距离（前端宽度）。

④ 左前纵梁前端至左轮罩后端螺孔水平距离。

（2）点焊下列接合处。

① 大灯底板与车身前纵梁及前轮罩接合处。

② 散热器框架上横梁与拉轮罩接合处。

③ 散热器框架中间支架与散热器框架下横梁接合处。

6. 结束工作

（1）用钢丝刷清除全部焊接部位。

（2）在修理过的部位打底漆并更换密封剂 / 填充剂。

（3）油漆散热器框架并涂上防锈剂。

（4）重新安装拆下的部件。

（五）后围板的更换

更换后围板时需使用的工具有点焊机、CO_2 气体保护焊机、角磨机、砂光机、风铲及车身锯。

1. 准备工作

（1）断开蓄电池搭铁线。

（2）拆下后保险杠、尾灯、后备厢锁扣、后备厢侧部隔声垫、后备厢底部隔声垫、后备厢盖附件、尾灯线束。

2. 拆下后围板

（1）去除连接区密封剂／填充剂。

（2）钻开下列连接处焊点。

① 后围板与后翼子板的连接处（尾灯罩）。

② 后围板与后翼子板在后备厢内部的连接处。

③ 后围板与后地板、后纵梁及后翼子板连接处，然后拆下后围板。

3. 切焊区域处理

（1）用钢丝钳修去残余板角，清除毛口，准备焊接。

（2）在焊接后不能再触及的部位薄涂一层冷锌漆。

4. 准备新件

（1）油漆新件内表面。

（2）去除后围板与车身连接区的油漆。

（3）在焊接后不能再触及的部位薄涂一层冷锌漆。

5. 焊上新后围板

（1）用压力钳将后围板固定在合适位置，核实下面的结构尺寸是否符合标准值。

① 左后门 C 柱下部拐点处至左后灯安装处尺寸。

② 后围板下板两方孔中心距离。

③ 左、右后翼子板之间距离。

④ 后备厢锁处至后风窗下横梁距离。

（2）按下面的顺序焊上后围板。

① 点焊后围板与后地板、后纵梁、后翼子板连接处。

② 点焊后围板与后翼子板在后备厢内部分的连接处。

③ 点焊后围板与后翼子板在尾灯底板处的连接处。

6. 结束工作

（1）清理焊点。

（2）修理过的部位更换密封剂 / 填充剂。

（3）油漆后围外板，涂防锈剂。

（4）安装已拆下的零部件。

（六）后翼子板的更换

更换时需使用的工具有点焊机、CO_2 气体保护焊机、角磨机、砂光机、风铲及车身锯。

1. 准备工作

（1）断开蓄电池搭铁线。

（2）拆卸下列零件：后保险杠、后备厢盖、后备厢衬里、后座椅、后车门、后柱上下饰板、后座保险杠、后盖铰链、后门饰件、尾灯、地板隔声垫、燃油箱与加油口（如果更换右翼子板）、后门锁销、后部线束、后轮。

2. 拆下后翼子板

（1）去除连接区密封剂 / 填充剂。

（2）钻开下列连接处焊点。

① 后翼子板外板与内板在燃油箱加油口处连接处。

② 后翼子板（外板）与内外门槛连接处。

③ 后翼子板与后轮壳及连接板连接处。

④ 后翼子板与后围板连接处。

⑤ 后翼子板与后围板在后备厢内部分连接处。

⑥ 后翼子板与尾灯底板连接处。

⑦ 后翼子板与后备厢盖边缘及顶框外侧板连接处。

⑧ 后翼子板与顶框外侧板连接处。

（3）拆下后翼子板。

3. 切焊区域处理

（1）用钢丝钳修去残余板角，清除毛口。

（2）在焊接后不能再触及的部位薄涂一层冷锌漆。

4. 准备新件

（1）去除将焊接连接处的油漆。

（2）在焊接后不能再触及的部位薄涂一层冷锌漆。

5. 焊上新后翼子板

（1）将后翼子板用压力钳固定于车身，核实下面的结构尺寸是否符合标准值。

①左、右后翼子板之间距离。

②后备厢锁处至后风窗下横梁距离。

③左后门水平最大宽度。

④左后门C柱下部拐点处至左后灯安装处距离。

⑤左后门高度。

（2）按照下面的顺序焊上后翼子板。

①点焊后翼子板与内外门槛连接处。

②点焊后翼子板与后轮罩及连接板连接处。

③点焊后翼子板与后围板连接处。

④点焊后翼子板与后围板在后备厢内部分连接处。

⑤点焊后翼子板与尾灯底板连接处。

⑥点焊后翼子板与后备厢盖边缘及顶框外侧板连接处。

⑦点焊后翼子板与顶框外侧板连接处。

⑧点焊后翼子板与内板连接处（燃油箱加油口）。

6. 结束工作

（1）用钢丝刷清理焊缝与焊点，按照油漆要求处理表面。

（2）修理过的部位更换密封剂/填充剂。

（3）油漆后翼子板，涂防锈剂。

（4）安装已拆下零部件。

二、钣金件的调整

（一）发动机舱罩的调整

如图6-2-16所示，当出现图中的情形时，说明发动机舱罩的位置需要进行调整。

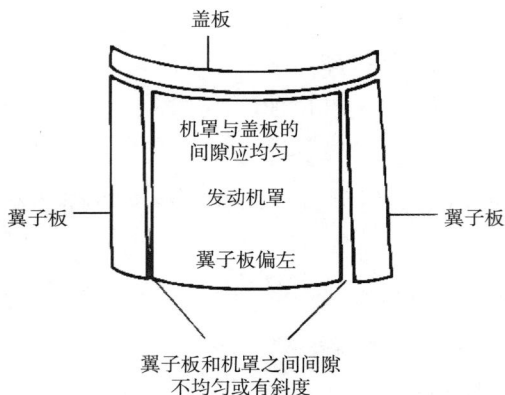

图 6-2-16　发动机舱罩位置不正确的情形

　　调整发动机舱罩的位置时，一般是通过铰链、可调定位器和发动机舱罩的挂钩来调节其位置。发动机舱罩的后部连接在一对铰链上，这对铰链一侧通过螺栓固定在盖板上，这样机罩即可上下转动。由于铰链上的连接孔是槽形的，允许在松开螺栓时，罩板作前后或上下的移动，待位置移动合适之后，再拧紧螺栓，以达到调节的目的。实际操作时，调整的方法如下。

　　（1）发动机舱罩与翼子板及前围之间的调整。首先，调整发动机舱罩的前后位置，稍松开固定发动机舱罩与铰链的螺栓，再扣上发动机舱罩。其次，将其位置调整后，轻轻揭开罩，开到合适位置时，让他人将螺栓紧固，发动机舱罩的前缘必须与翼子板前缘对齐，同时其后缘与前围之间保留足够的缝隙，以避免开启时相互干扰。

　　（2）发动机舱罩高度的调整。首先，稍微松开钗链与翼子板及前围连接处的螺栓，然后轻轻盖上发动机舱罩，根据情况将它的后缘抬起或压下。其次，当它的后部与相邻的翼子板前围高度一致时，再轻轻揭开，将螺栓紧固。

　　（3）调节发动机舱罩拉钩，调节对中位置。拉钩的位置恰好在前端的中心位置，如图 6-2-17 所示。

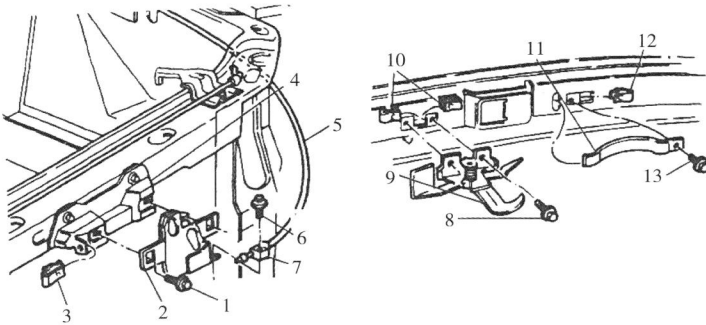

图 6-2-17　发动机舱罩拉钩位置

1，6，8，13. 螺钉和垫圈；2. 机罩拉钩；3，10，12. 螺母；4. 机罩锁支座；

5. 机罩拉钩钢索；7. 钢索组件；9. 辅助拉钩；11. 机罩辅助弹簧

（4）对于新换装的发动机舱罩，容易出现图 6-2-18（a）所示的现象。因此，仅仅通过对铰链等的简单调整不能将发动机舱罩的变形消除，需要调整发动机舱罩边缘的曲线。可参照如图 6-2-18（b）所示的方法，用手搬动拱曲部位使其复位；也可参照如图 6-2-18（c）所示的方法，在前端垫上布团，然后用手掌轻轻压下拱曲部位，使其与翼子板边缘高度一致。

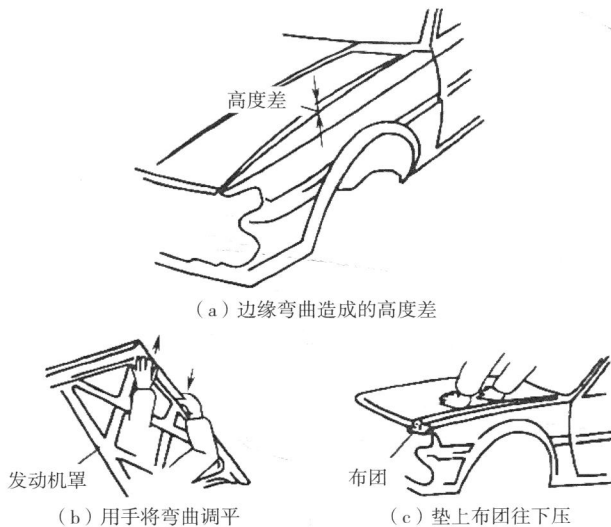

（a）边缘弯曲造成的高度差

（b）用手将弯曲调平　　　　（c）垫上布团往下压

图 6-2-18　发动机舱罩高度的调整

（二）后备厢盖和翼子板的调整

1. 后备厢盖的调整

如图 6-2-19 所示，后备厢盖与发动机舱罩极为相似，也是以两个校链连接到后部车身板上的（图中所示为后备厢盖已向上开启的状况）。钗链连接板上的孔是槽型的，便于松开螺栓后作适当的位置调整。为了密封性能良好，后备厢盖必须有密封装置。

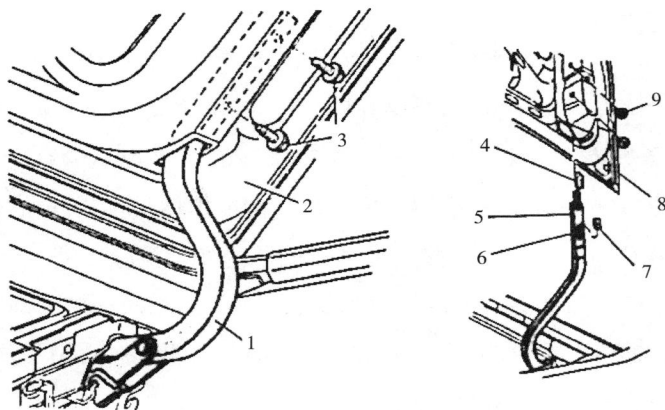

图 6-2-19　后备厢盖铰链位置

1.铰链组件；2.盖组件；3，9.螺钉和垫圈；4.调整垫片；

5，7.螺母；6.铰链；8.后备厢盖

后备厢盖调整方法如下。

（1）在调整后备厢盖时，先松开铰链连接板上的螺栓。

（2）左右或前后移动后备厢盖，使螺栓在槽型孔中改变位置，这样就可以对后备厢盖进行适当的位置调整。

（3）调整过程中，后备厢盖与毗邻钣金件的间隙应尽量均匀。

（4）调节好后备厢盖位置后，再将铰链连接板上的螺栓锁紧。

2. 翼子板的调整

翼子板是用螺栓连接到散热器支架、发动机室内部防护钣金件以及门后和汽车底部的盖板上，松开这些螺栓，即可调节翼子板前后、左右位置。

3. 车门的调整

车门必须与门框配合。车门通过铰链悬挂在门框上，且与车身面板对齐。调节车门时，一般应从后门开始。由于后顶侧板是不能移动的，只能将后门调节到与后顶侧板轮廓线相一致的位置，后门调好之后，再以后门为基础调节前门。

调节车门的方法是将门铰链连接螺栓松开，视需要移动门板到适当位置，然后再紧固螺栓。门铰链连接板上的孔径均比螺栓直径大一些，松开螺栓后，车门是可以作适量移动的。门的调节步骤如下。

（1）根据门与门框偏离的位置，确定调节方向，并由此判断松开铰链上哪个螺栓。

（2）松开螺栓后，用撬棍或千斤顶移动车门。

（3）移动车门到所需位置，将螺栓固定，检查门与门框配合位置是否理想。否则应重新调整，直到合适为止。

（4）移动车门的撞板螺栓，并检查车门相对于门框位置，确保车门关闭可靠。

（5）车门的调节有时还要考虑向里或向外调节，以保持车门与车身面板相平齐。车门上必须使用密封条以保持良好的密封性能，如果车门不能将密封条压紧在门框上，行驶时将产生明显的噪声，这需要对车门做内、外移动来调节。车门的内外调节是一件十分细致的操作，要有全面的观念才能奏效。

第三节　钣金结构件的切割与修复

一、切割部位的选择与切割方法

（一）钣金件切割部位的选择

车身结构性钣金件与整体式车身焊接在一起，从散热器支架到后端是一个整体框架，拆卸这类钣金件时需要进行切割。切割车身结构性钣金件时，应充分了解各构件的性能，不可切割设计防碰撞缓冲区域、涉及汽车性能区域以及关键性尺寸控制区域的钣金件，这是钣金件切割应遵守的统一原则，具体切割部位的选择如下。

（1）切割部位尽可能选择构件与构件之间的接合处。

（2）对承载式车身而言，切割部位须避开车身设置的挤压区（如发动机舱、行李舱等）、悬架安装位置、尺寸参照基准孔、发动机和传动系统安装位置等。

（3）切割部位须避开构件加强板的支撑点少，如加强肋板、加强盘等。

（4）切割部位须避开应力集中部位，构件切割后不应造成新的附加内应力，如切割线不能选择在两构件垂直交接处等。

（5）切割部位应兼顾到切割作业的难易程度，如是否便于切割，需拆装的相关零件多少与难易程度等。

（二）车身钣金件的切割方法

钣金件切割方法主要有氧—乙炔火焰切割和砂轮机切割等，主要内容如下。

1. 氧—乙炔火焰切割

氧—乙炔火焰切割虽然具有切割能力强、切断效率高等优点，但也存在许多缺点：一是切割部位会因为受热变形，为了焊接新件，需要对切割部位进行整形，这样就增加了一定的工作量；二是对于结构性钣金件的内部结构来讲，氧—乙炔火焰的温度超过 1500 ℃会使切割区域的金属晶界发生氧化或熔化，使防腐层损失，造成金属过早锈蚀。

2. 砂轮机切割

用砂轮机切割可以获得整齐的切痕，适于断面尺寸不大的小板类构件，如窗柱、门柱、门槛板、排气管等。因为使用砂轮机切割不仅可以避免氧－乙炔火焰切割时热变形，解决切割区域金属材质发生变化和防腐层受损的问题，还可完全按照事先在车身上划出的区域进行切割，误差很小，大大提高了修车质量。操作时必须要注意安全防护，避免砂轮片意外脱落造成意外事故。

（三）钣金件拆卸后处理

（1）当钣金件采取焊点或铜焊方法连接时，用角向砂轮磨光机磨去接口部位残留的焊接斑点。如果用气割方法切割，对薄板件（如外蒙皮）切割后用钣金剪沿切口剪切，然后用锉刀或角向磨光机去掉切口边缘的毛刺；对于骨架、立柱、车架等较厚的钣金件，则直接用角向磨光机打磨修整。

（2）用钢丝刷、砂布等清理接口周围的铁锈、油漆保护层等。

（3）用手锤和垫铁配合，矫正接口边缘的弯曲、翘曲和皱叠等缺陷。

（4）对车身一侧钣金件同样进行上述处理，然后进行检测、矫正、防锈处理。

二、钣金结构件的修复

（一）车门的就车修复

若汽车车门外板被撞，就会出现局部凹陷（图 6-3-1），可按以下方法进行修复。

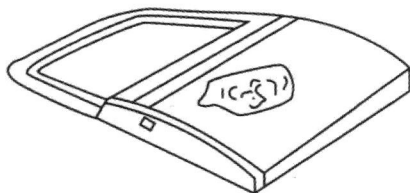

图 6-3-1　车门凹陷

1. 钻孔拉拔法

（1）在撞后出现的凹陷处或褶皱处用手电钻出一排小孔，如图 6-3-2 所示，孔径是 3.0~3.2 mm，孔距可在 10~15 mm 之间。通常情况下孔距要根据车身外板变形处的情况确定。

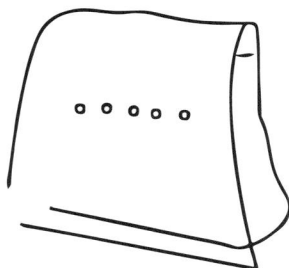

图 6-3-2　在门板上钻出一排小孔

（2）将牵引钩伸入小孔中，逐个将其往外拉，直至完全恢复原状为止，如图 6-3-3 所示。拉拔时每只手可握两个拉杆，两手用力保持均匀一致，缓缓地拉，不得用力过大。

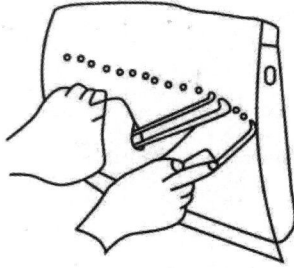

图 6-3-3　牵引拉出复位

（3）拉平后，用 CO_2 气体保护焊将孔焊死。焊接方法如下。

①焊枪垂直于板面，对准孔中心。

②将焊丝插入孔内，按下扳机开关激发电弧，然后迅速松开扳机。

③焊丝在孔内形成熔池后冷却凝固。如果孔径较大，焊枪应沿孔周边慢慢地移动至孔中心。焊点以略高出板面为宜，过高会给打磨带来困难，反之则会使强度不足，如图 6-3-4 所示。

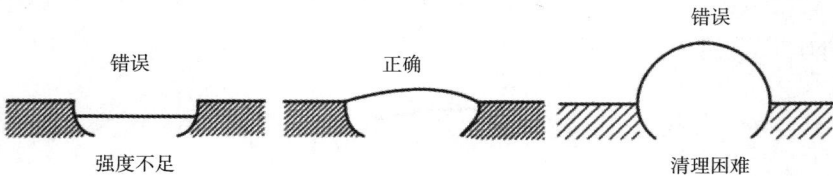

图 6-3-4　焊点样式

④用电动砂轮机打平焊点。

2. 撞锤拉拔法

（1）在钣金件表面凹陷最严重的部位焊接一定数量的垫圈，如图 6-3-5 所示。

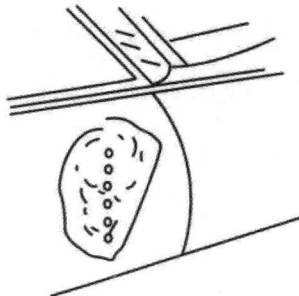

图 6-3-5　焊接垫圈

（2）用撞锤（拉杆）钩住垫圈进行拉伸。

（3）除掉垫圈，用砂轮机打磨平整。

（二）车身前围护面的修复

汽车碰撞后如果前围护面发生损坏，可按下述步骤对其进行修复。

（1）将一根粗细适宜钢丝绳的一端拴在前保险杠的中央凹陷处（即被撞击部位），另一端系在地桩上。

（2）发动汽车，缓缓倒车。如果此车发动机已损坏无法启动，可用其他车辆往后拖。

（3）随着钢丝绳的牵引，被撞弯曲的保险杠便可渐渐伸直。在拖拉的同时，用锤子随时锤击保险杠弯曲部分的四周，以帮助伸展及定形。如有必要还应先拆掉散热器、散热器罩和一些电气零部件，以防不必要的损坏。

（4）大凹陷被拉平之后，对于一些小的凹凸不平部分，可以借助锤子与垫铁进行手工平整。平整时对一些凹陷比较大的部位，可用垫铁顶在里边凹坑处，用铁锤锤击外边的凸起处将其顶出。如果顶出困难，可用氧－乙炔焊炬用碳化火焰加热，将凹坑顶出。

（5）当稍大些的凹坑被顶出后，尚会存在一些小的凸出点，此时可改用小号铁锤与垫铁配合，仍用上述方法进行锤击，便可将稍小的凸出部分敲平，如图6-3-6（a）所示。

（6）将垫铁和铁锤分别从里外对准一个点，对尚存一些凹凸点很小的部分进行锤击、矫平，使得整个工件全部平整，达到满意的修复状态，如图6-3-6（b）所示。

图6-3-6　对工件进行最后的平整

（三）翼子板的修复

翼子板正面严重碰撞，碰撞后塌陷与褶皱一同出现，可按下述步骤对其进行修复。

（1）拆下前照灯圈及灯座，将扁铁垫在前照灯孔内，使扁铁两端卡住灯孔的弯边。

（2）把钢丝绳的一端系在扁铁上，另一端系在地桩上。

（3）倒车自行拖拉，褶皱慢慢打开，仅余个别的小死褶未缓解。

（4）拆下前保险杠，拆开翼子板固定螺钉，卸下翼子板。

（5）将翼子板置于平台上修整。

（6）用氧－乙炔火焰对死褶进行加热，然后用撬具撬开。

（7）将翼子板凹面向上放在平台上，由翼子板里侧敲平活褶。每敲一处，须使平台起到垫托作用，即随时转动翼子板。

（8）将里侧基本敲平的翼子板翻过来，即凸面向上，用垫铁垫在里侧，由外向里继续锤击，最终使褶皱完全展开。

（9）两面均敲平后，将翼子板装在车上，调整翼子板的位置。

（四）发动机舱罩的修复

汽车正面发生严重碰撞，使发动机舱罩产生拱曲、塌陷与皱褶等损伤，可按下述步骤对其进行修复。

（1）将挡风玻璃、洗涤器、喷嘴和软管拆离发动机舱罩。

（2）用旋具松开两个铰链上的紧固螺钉，卸下发动机舱罩总成。

（3）用氧－乙炔火焰进行烘烤，用铲刀配合清除隔热胶。

（4）将内外板分离。首先，用专用撬具将外板的包边撬开，使其与内板边缘慢慢分离必需的角度。其次，再用锤与垫铁配合将外板的包边部分全部打开。若边角外有焊点，可用扁铲剃开或用手提砂轮机磨开，尽可能地不用火焰切割，以避免变形。

（5）将外板表面向下、里面向上置于平台上，用木锤先将塌陷的大坑顶出，然后翻过来，表面向上、里面向下，用铁锤加垫铁进行锤击。

（6）矫平整个工件。左手持垫铁抵在最低部位，右手持铁锤锤击附近的凸出部位。

（7）对工件表面进行光洁处理。对铁锤、垫铁和撬棍等工具作业留下的小痕迹，用车身锉刀进行最后的修整。

（8）修复内板。

（9）将内外板合成一体。在内板上涂一层隔热胶，将内外板按包边连接方式连成一体，即将外板的包边重新包住内板的边缘，四角处可以用 CO_2 保护焊点焊几点，以增加牢固度。最终，应使发动机舱罩达到初始状态。

（10）安装发动机舱罩总成上的各零部件，同时将后侧两个铰链固定，再将发动机舱罩总成放在车身原安装位置，拧紧铰链紧固螺钉，将其与车身连接起来。

（五）车顶的修复

1. 就车修复

汽车车顶受到降落物撞击，导致车顶塌陷，可按下述方法对其进行修复。

（1）用旋具等工具卸下车顶压条、加强梁和其他相关零部件。

（2）依次割断胶黏剂，并将绝缘材料取下来。

（3）将残留的胶黏剂清除干净。

（4）用千斤顶将大凹坑顶出。需要注意的是，千斤顶底部落到车厢地板上时应放平衡，并在千斤顶上端放一块面积较大的木块，以增大顶出面积，使顶出力均匀，避免因为顶出面积小而出现突出的凸包，反而增加修整量。同时，也可采用前面介绍的拉拔法，即在车顶凹陷的中部钻几个小孔，穿上铁丝向上提拉。因为此时维修者是站在车顶上作业，故向上提拉用力不会很大，有时难以将凹坑拉出，此时能够借助于氧－乙炔火焰加热，边加热边提拉就容易多了。加热时需注意掌握火焰加热温度与加热面积，温度不得过高，面积不得太大，要按实际需要来定，否则会增加变形程度。

（5）经过顶出或拉拔后的车顶，可能会从简单的大面积单一凹陷变成小面积的凹凸不平。此时运用和撞击相反的顺序来进行修复工作，用垫铁与锤子相互配合修整小的凹凸点。

（6）矫平整个车顶。

（7）安装车顶加强梁、压条、车顶板、内饰件等。

2. 拆卸车顶修复

汽车发生严重撞击或翻车，导致车顶塌陷、扭曲或拱曲等不同程度的损伤，可按下述方法对其进行修复。

（1）拆除车顶板、内饰件和其他相关零部件。

（2）用风动锯切割车顶，如图 6-3-7 所示。

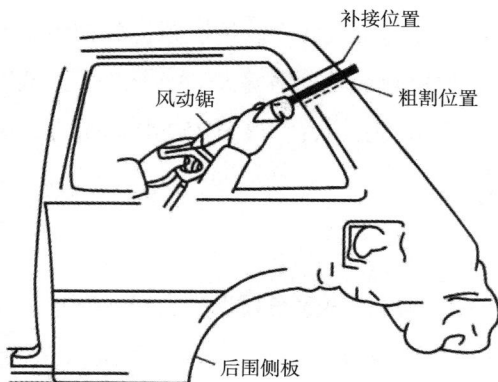

图 6-3-7　切割车顶

（3）切割车顶时应注意遵循下列原则。

① 避重就轻。切口的位置必须要避开构件的强度支撑点，选择那些不起重要作用的位置切割，尽量躲开备板、加强筋等位置。

② 无应力集中。因应力集中会使构件发生意想不到的损坏，故切口的位置应尽可能地避开车身构件应力集中的区域。

③ 方便施工。选位还需考虑到切换作业的难易程度，如需要拆装关联件的多少及难易程度，以及是否方便操作和可选切口的大小等。

④ 易于修整。构件割换后还需要对接口、焊缝等进行修整。如果按修整工作量大小选择切口，就能够简化构件更换后的作业，如所选择的切口在车身内、外装饰的覆盖范围内，其接口或焊缝表面处理就能简化。

（4）用砂轮机切割焊缝及钎焊区域，拆解构件。通常轿车车顶与车身支柱的连接是钎焊，一般是用氧-乙炔焊炬爆化钎焊的金属来分离钎焊区域。

① 用氧-乙炔焊炬使涂膜软化，然后用钢丝刷或刮刀将涂膜除掉。

② 加热钎焊焊料，直至它开始熔化呈糊状，再快速将它刷掉。注意不得使周围的金属薄板过热。

③ 用一字旋具在两块板件之间插入，将板件分开。

④ 除去涂膜后，如果确定连接是电弧钎焊，便采用砂轮机切除钎焊，然后将车顶与车围连接处切除，以便更换板件。

⑤ 将更换的车顶放在车上并对正位置后，用夹钳固定，然后临时将其点焊在这个位置。

⑥ 所有尺寸和形状都准确后，将车顶牢固地焊接在该位置上。

⑦ 安装车顶加强梁、压条、车顶板、内饰件等。

（六）后围护面的修复

汽车尾部被撞凹陷后，可按下列方法对其进行修复。

（1）拆卸后车尾部的附件，包括尾灯、牌照和其他电气附件。

（2）借助氧－乙炔火焰对保险杠凹坑处进行加热烘烤，趁热用撬具将凹坑顶出。需要注意的是，若后保险杠为塑料类制件，则应用烤灯烘烤。

（3）凹陷获得初步复位后，再用垫铁和锤子对尚未平整的凹凸变形做进一步的修整。

（4）用锤子渐渐敲平这些部位，直至恢复为原来的形状。

（5）用前面介绍过的拉拔法将后门框口的凹坑拉出，然后借助撬具、修平刀、垫铁与锤子等工具，必要时用氧－乙炔火焰加热来配合修平。

（6）若后门框口出现裂纹，可采用 CO_2 气体保护焊进行修复。

（7）焊接完毕，用钢锉修平焊缝表面。

（8）修复完毕，进行后围尺寸测量和调整。

（七）车门支柱的就车修复

汽车侧围发生碰撞，导致前支柱、中支柱弯曲，可按下述方法进行就车修复。

（1）将侧围上的前、后两个损坏的车门拆掉，因为前翼子板也被撞击，所以也应一起拆下。

（2）用撑拉器从里边撑顶，并拉拔前支柱，将前支柱拉回到原来的状态。撑拉器为一种矫正工具，可将压缩过的位置撑开，也可将扩大了的部位拉回。撑拉器通常有四种结构形式，如图6-3-8所示。撑拉器的中部一般是一根直径为50~60 mm、长度为500~1100 mm 的铁管，两端是正反螺母，丝杆直径为30 mm 左右。

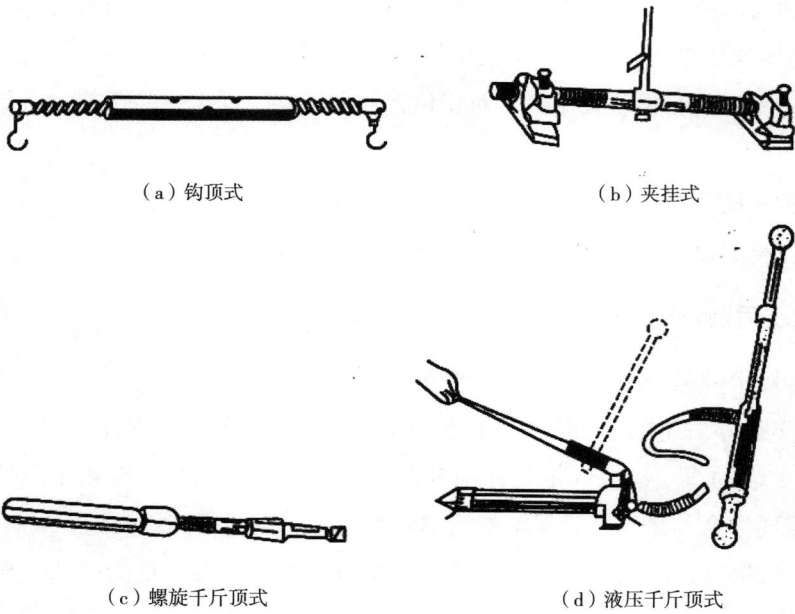

（a）钩顶式

（b）夹挂式

（c）螺旋千斤顶式

（d）液压千斤顶式

图 6-3-8　撑拉器

（3）用撑拉器挂于中支柱及其他建筑物体上，将中支柱拉回到原来的状态。

第七章　汽车喷漆工艺相关认识

本章主要内容为汽车喷漆工艺相关认识，详细介绍了喷漆知识、喷漆前的准备、喷漆工艺具体分析、汽车水性漆喷涂工艺研究和汽车水性漆运用推广过程中的问题研究。

第一节　喷漆知识

一、涂料

涂料是涂于物体表面形成具有保护、装饰或特殊性能固态涂膜的一类液体或固体材料的总称。

1.涂料的分类

（1）按照涂料基料中主要成膜物质为基础分类。根据成膜物质为基础的分类方法，将涂料产品分为 17 大类，分别是油脂漆类、天然树脂漆类、酚醛树脂漆类、沥青漆类、醇酸树脂漆、氨树脂漆、硝基漆类、纤维素漆类、过氧乙烯漆类、乙烯漆类、丙烯酸漆类、聚酯漆类、环氧树脂漆类、聚氨酯漆类、元素有机漆类、橡胶漆类和其他漆类。

（2）按固化机理分类。分为溶剂挥发型、化学反应型。

（3）按涂料的组成中是否含有颜料分类。

第一类，清漆。涂料的组成中，没有颜料或体质颜料的透明体，称为清漆。

第二类，色漆。涂料的组成中，加有颜料和体质颜料的有色漆，称为色漆。

第三类，腻子。加有大量体质颜料的稠厚浆状体，称为腻子，学名为原子灰。

（4）按溶剂构成情况分类。分为无溶剂涂料、溶剂涂料和水性涂料。

除了上述的涂料分类法外，还有其他的分类方法，如按施工方法分，有刷漆、喷漆、烘漆、电泳漆、粉末涂装漆等；按涂料作用分有底漆、面漆、罩光漆、腻子等；按涂料作用效果分有绝缘漆、防腐漆、防锈漆等。

2.涂料的命名

涂料的名称由颜色或颜料的名称、成膜物质的名称、基本名称三部分组成，即涂料全名＝颜色或颜料名称＋成膜物质名称＋基本名称

3.涂料的型号

为了区别同一类型的各种涂料，在涂料名称之前必须加有型号。

（1）涂料的型号由三部分组成，即一个汉语拼音字母和两组阿拉伯数字。字母表示涂料类别，前面一组阿拉伯数字表示产品的基本名称，后面一组阿拉伯数字则表示涂料产品序号，用以区别同一类型的不同品种，前后两组阿拉伯数字之间加一短横线使基本名称代号与序号分开。

（2）辅助材料的型号由两部分组成，即一个汉语拼音字母和1—2位阿拉伯数字。字母表示辅助材料的类别，数字为序号，用以区别同一类型的不同品种，字母与数字之间加一短横线。

由于各国对涂料制定的标准不一样，名称及型号的含义也有所不同，使用时一定要仔细阅读涂料说明书。

二、底漆

1.何谓底漆

底漆作为直接涂覆于施工物体表面的涂料，是工件表面的基础用料，既是腻子层中间的用料，又是底层涂料与面漆连接的用料。它的作用一是防止金属表面的氧化腐蚀，二是增强金属表面与腻子（或面漆）腻子与面漆之间的附着力。

2.底漆的分类

底漆根据其使用目的的不同可分为头道底漆、头二道合用底漆、二道底漆、表面封闭底漆等。

三、中间涂层

1.何谓中间涂层

中间涂层是介于底漆与面漆之间的涂层，所用的涂料简称中涂。中涂的主要

功用是提高被涂物表面的平整和光滑度，封闭底漆层的缺陷。一般载重汽车和轻型车，几乎不喷中涂，以降低涂装成本。对于装饰性要求高的中、高级轿车，则需采用中涂。

2. 中间涂层的分类

国外汽车生产厂的中间涂层涂料一般分为通用底漆、腻子、二道浆，封闭底漆。而国内汽车修补漆则根据涂料的功能分为腻子、二道浆、封闭底漆，将通用底漆并入二道浆中。

（1）通用底漆

通用底漆又称底漆二道浆，它可直接涂布在金属表面，具有底漆的功能，又具有一定的填平能力。一般用"湿碰湿"工艺涂布两道，以代替底漆和二道浆，达到简化工艺的目的。

（2）腻子

腻子是由大量的填充料以各种涂料为黏结剂所组成的一种黏稠的浆状涂料，用途是用来填嵌工件表面的凹陷、气孔、裂纹、擦伤等缺陷，以取得均匀平整的表面。虽然腻子可改变整个涂层的外观，但往往会在一定程度上降低涂层的机械强度和防护能力，所以尽量不用腻子或少用腻子。

（3）二道浆

又称喷涂腻子或二道底漆。它的功用介于通用底漆和腻子之间，是用于底漆或腻子之上，面漆之下的过渡涂料层，遮盖表面的针孔、打磨痕迹等，以保证面漆的平整性。

（4）封闭底漆

它是涂面涂前的最后一道中间涂层涂料。其漆基含量介于底漆和面漆之间，涂膜光亮。漆基一般是由底漆所用的树脂配成。

四、腻子

腻子又叫填泥，是在成膜物质中加入大量体质颜料以及适量的颜料，催干剂和溶剂调制成的一种厚浆状物质。它容易干燥，干后坚硬，能耐砂磨。

腻子用在已涂底漆的物体表面上，以填平汽车车壳及部件表面凹坑、焊缝及擦伤等缺陷，经过一层层涂刮及打磨直至形成平整光滑的表面。腻子具有一定的硬度和韧性，本身的结合力、与其他涂层的附着力好，能自干或烘干，打磨性好，能用砂纸打磨成平整有一定粗糙度的表面。使用腻子时，应考虑与底漆和面漆配套。

五、面漆

① 何谓面漆

面漆是喷涂在整个涂层最外面的一层涂料。由于其直接与光、水，气接触，又要满足美观的需要，所以对面漆提出更严格的要求。

② 汽车涂装常用面漆的分类

常用面漆一般分为溶剂挥发型、氧化固化型、热固化型、双组分固化型、催化固化型。

第二节　喷漆前的准备

一、车辆的清洗

（1）连接好高压水清洗机的电源与进水管

洗车作业用水要求清洁无污染，禁止使用未经过滤或受污染的水源，以免影响清洗效果，或对汽车外表形成损伤。在通常情况下，只要使用自来水或符合标准的循环水即可符合要求。

（2）连接好泡沫机的压缩空气管，按照规定比例从加液口加入泡沫液和水（泡沫液与水加入量通过观察泡沫机侧面的透明刻度管来确定）。

（3）调整泡沫机的气压至规定值（泡沫机说明书建议值）。

（4）拿出地毯清洗并晾干，清理烟灰盒、沙发坐垫等物品。

（5）关好车门窗。

（6）在开始清洗汽车之前先将汽车表面淋湿，这一步很重要，可以大幅度减少划伤汽车表面的可能性。使用高压水清洗机，调整为宽的喷射水流喷淋。

（7）调整高压水清洗机为柱状水流，对缝隙及拐角等容易积存泥沙的地方进行冲洗，尤其是车轮上方的车身圆弧里，由于车轮滚动甩上来大量的泥沙及污物，必须清洗干净。

（8）喷涂泡沫。喷涂的泡沫要均匀、适量，喷涂泡沫的顺序应按照从上到下进行。

（9）戴好兔毛手套（或用软海绵块）擦车。擦车的顺序为车顶、挡风玻璃、发动机罩、保险杠、灯具、车的一个侧面（包括玻璃）、车身后部（包括玻璃、尾灯）、车身的另一个侧面（包括玻璃）以及车轮。对于轮胎及门槛下缘等车体下部部位，一定要用专用的海绵或刷子单独清理，以防工具混用对车漆和玻璃造成意外损伤，必要时可配合喷水壶进行辅助喷水。

（10）二次冲洗。水压低，扇面大，冲掉泡沫即可。

（11）刮水。使用刮水板将车身上的水膜刮干净。

（12）精细擦拭。用大毛巾和鹿皮将整个车身擦拭干净。鹿皮在使用前必须浸泡透、拧干后再使用，这样吸水性会更好。

（13）吹干。锁孔、门缝、车窗密封条、倒视镜壳、油箱盖等部位用压缩空气辅助吹干，特别是钥匙孔里的水分更要吹干。

二、漆膜损伤评估

（一）评估方法

1. 目测评估

根据光照射钣金件的反射情况，来评估损坏的程度及受影响的面积的大小。稍稍改变人眼睛相对于钣金件的位置，即可看到微小的变形与损伤。

（1）对于钣金件外表破损形成锈蚀的部位，通常都会有红色或黄色的锈渍，观察起来非常简单。

（2）观察车身覆盖件的凹坑和凸起变形。依据光线照射到不同形状钣金件后反射的情况进行判断，观察时目光不得与钣金件垂直，要有一定的角度，角度的大小根据光线来调整，以看清钣金件表面情况为准。如果钣金件表面存在变形，由于变形部位与良好部位反射光线不同，用眼睛就会非常容易地观察到变形的部位。找到损伤部位以后，要及时做好标记，方便维修。

2. 触摸评估

戴上手套（最好为棉质），从各个方向触摸受损的区域，注意不能用任何压力。操作时要将注意力集中到手掌上，以感觉来评定不平度及漆膜损伤情况。为了能够准确地找到受损区域的不平整部分，手的移动范围要大，要包括没有被损坏的区域，不是仅触摸已损坏的部分。

3. 直尺评估

将一把直尺放在车身和已损坏区域对称的没有被损坏的区域上，检查车身与直尺间的间隙，然后将直尺放在已损坏的车身钣金件上，评估已损坏的车身与未损坏的车身钣金件之间的间隙相差多少，来判断损伤的情况。

如果在用直尺评估时，已损坏件有凸出部分，将影响评估操作，这时可用冲子或鸭嘴锤，将凸起的区域敲平或微微低于正常表面。

实际评估时，往往是各种方法综合运用，以获得准确的评估结果。评估过程中必须随时做好记录，以便为后续的维修方案制定提供依据。

（二）不同结构涂层的鉴别

1. 观察法

单工序面漆（素色漆）中没有金属颗粒，只有颜料，如红、白、黑、偏黄白等。漆膜外观没有金属闪烁感，同时因为面漆之上没有清漆层，立体感不强，即各方向观察颜色基本一致。

多工序面漆通常为金属漆，底色漆里含有金属及金属氧化物颗粒，如铜、铝、氧化铜等，阳光反射后色彩斑斓，同时再加之透明清漆层对光线的折射作用，使漆面富有立体感。如果角度合适还会产生光线干涉现象，使漆膜更加耀眼夺目。

2. 打磨法

（1）工具准备 P2000 抛光砂纸、喷水壶、抹布等。

（2）操作步骤。

第一步，在车身涂层上选择一块不显眼的位置，如车门、油箱盖、后备厢盖等内侧，用 P2000 抛光砂纸轻轻打磨。打磨时必须要加水湿磨，因为干磨下来的清漆也呈现灰白颜色，不容易辨认。加些水湿磨后，磨掉的清漆则不显示颜色。

第二步，观察打磨后砂纸上附着的涂料颜色，若是带颜色的（与车身漆色相同），表示面漆是单工序的；若打磨后砂纸上没有颜色，表明面漆是双工序的，打磨下来的是清漆层。

（三）不同类型面漆的鉴别

1.溶剂擦拭法

使用普通的硝基稀释剂在原涂层上进行涂抹擦拭，通过观察有无溶解现象判断原涂层是否为溶剂挥发干燥型涂料。

检查时使用白色的除油布蘸少量的硝基稀释剂在破损涂层周围或在车身隐蔽处轻轻擦拭，若原涂层溶解并在布上留下颜色痕迹，表示原涂层属于溶剂挥发干燥型。若原涂层不溶解，表示原涂层属于烘干型或双组分型漆。丙烯酸聚氨酯型漆层虽然不易被溶解，但稀释剂会降低漆面光泽。若原涂层为自然挥发干燥型涂料，在修补喷涂时应考虑新涂层中的溶剂成分会溶解原涂层，造成咬底等漆膜故障。

2.加热判定法

用于判别原涂层是热固性涂料还是热塑性涂料。如果原涂层为热塑性涂料，在修补喷涂时采用同类型的涂料，或将旧涂层完全打磨掉后再进行涂装。使用红外线烤灯对测试板进行加热（注意控制加热温度，过热容易损伤漆膜），如果漆面有软化现象则可证明为热塑性涂料。

3.硬度测定法

各种面漆干燥后漆膜的硬度不同，双组分漆与烘干漆硬度较高，白干漆硬度较低。标准做法可使用硬度计进行测量。

4.厚度测试法

如前所述各种面漆因为性质不同，其涂层厚度是不一样的，因此虽然可通过膜厚仪测定漆膜厚度来判断面漆的大致类型，但是这种方法测定结果不十分准确，更多的是用于检测漆膜的损伤。

5.电脑检测仪法

利用电脑调色系统直接获得原车面漆的相关资料，这是目前涂装行业中普遍应用的检测方法。此方法方便快捷，只需利用原车车身加油口盖，通过仪器就能迅速、准确无误地判别出面漆的类型。

（四）汽车是否经过漆膜修补的判定

1. 打磨法

（1）裁一小块砂纸（粒度为 P60）。

（2）在漆膜受损区域内选一小块漆面，配合打磨块对漆膜进行打磨，直至露出金属。

（3）通过涂层的结构可以看出汽车过去是否经过修补涂装。

2. 测量涂层厚度法

用膜厚仪测量车身涂层厚度，如果涂层厚度大于新车涂层的标准厚度，说明这辆汽车曾经进行过修补涂装。

三、表面预处理

（一）手工除旧漆

1. 裁剪砂纸

选择合适的磨料，采用氧化铝磨料的疏式砂纸比较适合干打磨，粒度为 P800。根据打磨的需要，将砂纸裁成适合打磨的大小，国内外一些汽车修理厂普遍采用小面积打磨、一般常规打磨、大面积打磨这三种方式。

2. 打磨

将裁好的砂纸用手握住，在需除旧漆处进行打磨。如果要配合磨块打磨，应将裁好的砂纸平贴于磨块下面，两边多出的部分向上折，贴靠到磨块边缘以便用手握住，将磨块平放于打磨表面，前后及左右移动。打磨时，磨块必须保持平移，用力要适当。

手工打磨的姿势应以舒服、顺手为原则。对于较大表面，最好采用拇指和小指夹住磨块，中间三指配合手掌用力地握法。

打磨时应尽量轻地握住砂纸。打磨时施加于表面的压力仅仅限于手掌的力量，有时还必须经常改变打磨姿势，以适应不同部位表面结构。

打磨时来回行程应长和直，如果掌心没有平压在表面上，手指就会接触到打磨表面，这将导致手指与表面之间受力不均匀，所以应避免手指接触打磨表面。打磨时尽量不要做圆周运动，否则会在表面涂层下可见的磨痕。为了获得最好的打磨效果，应该始终与车身轮廓线相同的方向打磨，也可采用45°方向交叉打磨。如果是大面积的打磨，则应该分成块，一块一块地打磨，每一块面积最好不大于0.1 m²。不得将身体的重量加在砂纸上，只能轻轻地压着砂纸打磨，用手摸和眼看的方法检查打磨是否符合要求。初步打磨后需换用P150砂纸再通磨一遍。

对于旧漆膜有剥离或裂纹处，以铲刀刀尖部插入剥离层间或缝隙处铲掉旧漆膜，既注意铲刀的尖部非常锐利，一定小心不要损伤不需修补的表面，又注意尖部不要在底层表面留下较深的沟槽。对于粘接较实的旧漆或凹槽、拐角等特殊部位，可配合使用其他手工工具清除。

除旧漆的过程中，也可配合加热法。加热法除旧漆就是利用火焰（或烤灯、烤枪、热风枪）的高温使旧漆膜软化或炭化（烧焦），从而配合铲刀等工具清除旧漆的一种方法。

3. 做羽状边

做羽状边（也称砂薄漆膜边缘）是指在已破坏的漆膜周围，将完整漆膜的边缘打磨成逐渐变薄的平滑过渡状态。当待修补漆膜的破坏程度还没有深入到金属基材时，则这里的薄边要求更为精细、平滑，为无痕迹修补创造条件。

（1）选择合适的砂纸（通常为P240）。

（2）由内向外砂或由外向内砂均可以。小面积用画圆圈砂的方法，大面积用走直线砂的方法。做羽状边时，一定要认真细致，保证坡口的角度基本一致。羽状边坡口的大小取决于漆膜的厚度（层数），通常每一层漆的坡口宽约为5 mm，总坡口宽应大于3 cm。

4. 砂光

砂光是对损伤部位周围区域（过渡区）的表面进行处理，使表面无光、粗糙，这样新喷的漆膜才能牢固地黏附在旧漆膜表面上。如果下道工序为刮腻子或喷涂头道底漆，不需进行砂光操作，等到中涂底漆喷涂前再进行此项作业。

（1）选择合适的砂纸，一般为P320或P400。

（2）将砂纸按需要裁开。

（3）按干磨的工艺走直线的方式进行打磨。

（4）经常检查砂纸的表面状态，若砂纸上粘的漆灰较多，应用手刷、钢丝刷或压缩空气将它清理干净。

除旧漆区域最后一道打磨所用的砂纸型号视下道工序而定。如果下道工序为刮腻子，用 P150 砂纸做完羽状边即可；如果下道工序为补喷底漆，应用 P180 砂纸打磨原底漆（包括羽状边）；如果下道工序为喷中涂底漆，最后用 P320 砂纸打磨（包括羽状边及过渡区域）；如果下道工序为喷面漆，需用 P400 或 P600 砂纸打磨（包括羽状边及过渡区域）。需要注意的是：砂纸的号数变化不应超过 100。

5. 整车清理

采用黏性抹布或气枪对整车进行清理。

（二）用打磨机除旧漆

1. 干磨系统准备

（1）打磨车间准备。先打开照明开关，再打开电动风门开关和排风开关，就可以进行打磨或者喷涂操作了。

（2）干磨机的准备。使用前，先将三合一套管分别与吸尘器和磨机连接，检查吸尘器选择旋钮是否旋至 AUTO 挡，电源、气源是否接通。启动磨机开关试运行一下。

（3）安装砂纸。选择合适的砂纸后（清除旧漆膜，首先应选用 P80 的砂纸，其次后根据下道工序要求，逐级递进至下道工序要求的砂纸型号），将砂纸孔对准磨垫孔，砂纸应完全覆盖磨垫。

（4）调节压力。打磨机工作的最佳压力是在工作状态下 6 bar（1 bar ＝ 0.1 MPa，下同），工作状态下压力低于 6 bar 会影响磨机工作的力量，工作状态下压力超过 6.5 bar 会导致磨机加速磨损。向上拔起压力调节旋钮，顺时针旋转为提高压力，逆时针旋转为降低压力。

2. 打磨

（1）穿戴好安全劳保用品。

（2）戴好手套，然后轻轻地摸一遍待打磨表面，这有助于操作工人决定如何打磨。

（3）握紧打磨机，将打磨机以 5°~10° 的角度贴于待打磨表面，打开开关。

（4）使打磨机向右移动，打磨机叶轮左上方的 1/4 对准加工表面。

（5）当打磨机从右向左移动时，叶轮右上方的 1/4 对准加工表面。

3.做羽状边

使用打磨机正确地进行磨缘操作,将整个打磨机压在车身板上,提起一边,仅向板上标记的区域施压,然后沿边界线移动打磨机。边界线和打磨机之间的关系必须保持恒定。

4.砂光

(1)选用 P320~P400 砂纸安装在打磨头上,将旋转着的砂轮前方对着表面,后方稍稍离开表面一点儿,保持这个方位上下移动打磨机进行打磨。每一道磨痕之间覆盖面积为 50%~60%,这将有利于砂平作用。

(2)用戴着手套的手在打磨过的表面上来回摸一下,检查打磨效果。重复上述打磨过程,直到完成打磨工作的 3/4 左右。

(3)更换细砂纸。

(4)重复打磨操作,先用打磨的方法,然后用砂光的方法,直到表面达到所要求的平整度。

(三)钢板表面的除锈

钢板表面存在锈蚀,会严重影响涂料的附着性,并成为进一步扩大腐蚀的根源,所以必须清除干净。

1.手工除锈

将 P100 砂纸按 1/4 规格裁好,垫好打磨垫,不要加水,直接干磨锈蚀部位。要把锈蚀完全处理掉,露出金属的本色,并且打磨要向未锈蚀的部位扩展 10 mm 左右的范围。手工除锈适合锈蚀不严重、锈蚀范围小的情况。

2.机器除锈

(1)轻度锈蚀的清除。对于轻度锈蚀,可选用专用毛刷配合专用打磨机进行清除,毛刷上粘附有磨料,靠离心力和磨料的磨削力清除锈蚀。该方法特别适合边角、缝隙等很难触及的地方。

(2)严重锈蚀的清除。如果锈蚀严重,最好使用角磨机配合钢丝轮进行打磨。第一步,拆下角磨机上的砂轮片,换上钢丝轮并按规定的力矩紧固;第二步,在保证电动打磨机上开关处于关闭的状态下,将打磨机的电插头插入插座内;第三步,双手握住打磨机,置于身体前方,身体正对需打磨部位,将打磨机靠近需打磨的板件表面;第四步,扣动开关,将打磨机以约 15° 的倾角移向待打磨表面,以手腕的力量轻压，使钢丝刷紧贴金属表面进行切削除锈；第五步，用前后或左右移动的方式移动打磨机，直到将全部表面打磨至光亮、无锈迹为止；第六步，关闭电源开关，待钢丝刷完全停止转动后，将电插头拔下，妥善放置打磨机。

（四）无损伤板件（裸表面）的表面预处理

不同的板材，涂装工艺（主要是使用的涂料品种）会有差别。因此，对板件进行涂装前，必须确认板件的材质，以便确定合理的涂装工艺。

汽车车身常用板材有电镀锌板（暗灰色）、森氏镀锌板（浅银色，带有小孔）、带电泳底漆的钢板（有黑色、棕色、灰色或绿色的涂层）、镀黄色铬板（透明的黄色，带有七彩颜色效果）、铝合金板（浅银色，打磨时会变软）、钢板（深银色、耐磨）、各种塑料板及特殊材料板（玻璃纤维板、碳纤维板）等。

（1）裸露金属板件的处理。车身修复时更换新的板件，如果所更换的金属板件为裸表面，通常需进行清洗和打磨处理。不同的涂料生产商所生产的涂料产品特点不同，推荐的处理项目会有所差别。对于钢板和镀锌板，进行上述底处理后，应尽快喷涂底漆（侵蚀性底漆或环氧底漆），以保护表面不产生锈蚀。

（2）裸露塑料件的表面处理。新更换的塑料件，通常为裸表面（可能覆有脱模剂）。对该类板件进行预处理时，通常包括清洁、打磨和去湿等操作。

（3）有原厂底漆的板件表面预处理。对更换的新板件，有时已有原厂底漆。对这类板件的表面预处理通常包括清洁和打磨。

（4）无损伤漆面的表面预处理。无损伤漆面包括良好的旧漆膜及不耐溶剂旧漆膜两种。不耐溶剂旧漆膜指旧漆膜为溶剂挥发型漆膜或严重老化的旧漆膜。

（五）干磨系统的维护

1. 日维护

（1）每天工作结束，断开电源、气源，取下磨头吹干净，放入工具箱。

（2）检查维护吸尘器。用压缩空气吹干净吸尘器外部；取下工具箱，取下适配器，打开吸尘器上盖；检查空气滤清器上的灰尘量，如果灰尘很多，应及时检查吸尘袋是否破裂，如已破裂应更换，并清洁空气滤清器和吸尘器内部；清洁空气滤清器的方法是将其取下，用压缩空气吹干净；如果工作量大，需要及时清空吸尘袋，将灰尘清空后重新装上吸尘袋；盖上吸尘器盖子锁住；装上工具箱锁住；装上适配器，将电源线缠绕好，将吸尘管缠绕好放置。

2. 周维护

（1）每周工作结束，断开电源和气源。将吸尘器外部清洁干净；取下磨机，吹干净；用内六角旋具旋下磨垫，将里面吹干净。里面有集尘，需清洁干净。

（2）检查磨机手柄处的管内集尘，清洁干净；装上磨垫，放入工具箱。将工具箱取下，放于一旁。

（3）取下三合一套管，检查套管旋转是否灵活，如不灵活需应及时处理；检查三合一套管与磨机连接端管口是否有集尘，如有需清洁干净。

（4）取下适配器，打开吸尘器上盖。

（5）检查空气滤清器上的灰尘量，如果灰尘很多，应及时检查吸尘袋是否破裂；如已破裂应更换，并清洁空气滤清器和吸尘器内部，清洁空气滤清器的方法是将其取下，用压缩空气吹干净。

（6）取下吸尘袋，将灰尘清空后重新装上，操作时应特别小心，以免将吸尘袋弄破；如果吸尘袋已破裂，应及时更换；盖上吸尘器盖子锁住。

（7）检查伺服系统油杯内的润滑油量，如不到 1/4 油量，应及时补充。

（8）装上适配器。

（9）装上工具箱锁住。

（10）将电源线缠绕好，将吸尘管缠绕好，放置。

（11）如吸尘器内部灰尘较多，需要清理，把另一台吸尘器上的适配器拔出，将专用的吸尘管（吸尘器开封时，从吸尘器吸尘腔内拿出）插入此吸尘器吸尘接口。将吸尘器控制旋钮调节到 MAN 挡，将吸尘头伸入需要清洁的吸尘器内部吸尘。吸尘完毕，用一块半干的毛巾将吸尘器内部清理干净晾干。

3. 干磨房的维护

干磨房底部过滤棉正常操作 80~100 h 更换一次，干磨房顶部过滤棉正常操作 400~450 h 更换一次；PVC 帘正常 7 天清洁一次，如果脏污严重要随时清洁；正常 12 个月应润滑各转动部件；3~5 个月对干磨房风机连接件的松紧进行检查，如有松动应紧固。

第三节　喷漆工艺具体分析

一、喷底漆

（一）喷涂操作要领

1. 喷枪与工件表面的角度

喷枪与工作表面一定要保持垂直，绝对不可由手腕或手肘做弧形的摆动，如图 7-3-1 所示。

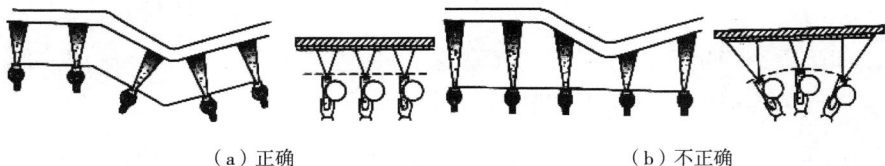

（a）正确　　　　　　　　　　　　（b）不正确

图 7-3-1　喷枪与工件表面的角度

2. 喷枪嘴与工件表面的距离

正常的喷涂距离应与喷枪的气压、喷枪的扇面调整大小以及涂料的种类相配合。通常喷涂距离为 15~20 cm（可按涂料供应商提供的工艺条件操作）。

3. 喷枪的运动速度

喷枪的运动速度和涂料干燥速度、环境温度、涂料的黏度有关，以 30~60 cm / s 的速度匀速运动。喷枪运动过快，会导致涂层过薄，喷枪运动过慢，会导致出现流挂的现象。

4. 喷涂压力

正确的喷涂气压和涂料、稀释剂的种类，稀释后黏度与喷枪的类型有关，通常调节气压为 0.2~0.25 MPa，或试喷而定。压力过低极有可能雾化较差，使稀释剂挥发过慢，涂料像雨淋一样喷涂到工件的表面，极易产生流泪、针孔、气泡等现象。压力过高则有可能过分蒸发，严重时产生所谓干喷现象。

5. 喷枪扳机的控制

扳机扣得越紧，液体流速越大。传统走枪，扳机经常扣死，不是半扣。为了避免每次走枪在将结束时所喷出的涂料堆积，有经验的喷漆工均会略略放松一点扳机，以减少供漆量。

扣扳机的正确操作通常分4步：先从遮盖纸上开始走，扣下扳机一半，只放出空气；当走到喷涂表面的边缘时，完全扣下扳机，喷出涂料；至另一头时，松开扳机一半，涂料停止流出；反向喷涂前再往前运动几厘米，然后重复上述操作步骤。

6. 喷涂方法、路线的掌握

喷涂方法包括纵行重叠法、横行重叠法、纵横交替喷涂法。喷涂路线应按从高到低、从左到右、从上到下、先里后外的顺序进行。在行程终点关闭喷枪，喷枪第二次单方向运动的行程与第一次相反，喷嘴与第一次行程的边缘平齐，雾型的上半部和第一次雾型的下半部重叠，重叠幅度应第二层和上一层重叠1/3或1/2。

7. 走枪的基本动作

汽车修补涂装中，由于被涂物的状况不同，喷涂走枪的手法也不同，以下叙述几种常用的喷涂走枪手法。

（1）构件边缘的走枪手法。一般由右向左喷涂，并纵喷（喷出涂料呈垂直方向）。

（2）构件内角的走枪手法。一般采取由下而上，再由上而下喷涂，并采用横喷（喷出涂料成水平方向）。

（3）小、直立的构件平面的走枪手法。一般按从上到下的行程进行，然后从左至右，再从下往上进行，依次完成。

（4）长、直立的构件平面的走枪手法。一般按从上到下行程进行，再由左而右，依次沿横向进行，每行程45~90 cm。

（5）小、中圆柱构件的走枪手法。喷涂小圆柱构件时，由圆顶从上到下再自下往上，分3~6道垂直行程喷完。

（7）大圆柱构件的走枪手法。喷涂大圆柱体时，从左到右再从右到左，水平行程，依次喷完。

（8）棒状构件的走枪手法。喷涂较长的、直径较小的棒状构件时，最好将雾束调窄一些与之相配。很多喷漆工为了省事，不愿经常调整喷枪，将喷枪雾束的方位和棒状构件相适应，这样即能够达到完全覆盖又不过喷的目的。

（9）大型水平表面的走枪手法。喷涂大型表面如发动机室盖、车顶、后盖等，能够采用长、直立构件平面的走枪手法，即由左至右运动喷枪至临近基材表面时扣扳机，继续运动喷枪至离开基材表面时放开喷枪。这样不仅能够获得充分润湿的涂层，也不过喷或干喷最少。

（二）不同板件的走枪顺序

无论是什么形状的板件，安装在什么位置，走枪时基本都按照从上到下、从左到右、从内到外的原则。

1. 车门

先喷涂车门框的顶部，然后下移直至车门的底部。若只喷涂一个车门，先喷涂车门边缘。喷涂门把手时应该尤其小心，因为某点的涂料太多将会导致流挂。

2. 前翼子板

发动机室盖的边缘与前翼子板的翻边应该先喷涂，然后是前照灯周围部分和面板的穹起部分，再是面板的底部。

3. 后翼子板

先喷涂边缘，然后喷漆工站在面板的中间，以一个长连续的行程喷涂面板，若无法一次完成，就把这个区域分成两个部分。使用这种方法时，必须要尤其注意中间的重叠。若重叠的涂料太多，将会发生下垂。

4. 发动机室盖

先喷涂发动机室盖的边缘，然后是发动机室盖的前部，再是在前翼子板的侧面，从中心开始向边缘喷涂；另一侧也采取相同的方法喷涂。

5. 车顶盖

为了便于对车顶盖进行喷涂，喷漆工应站在长凳上，以便可以喷到车顶的中心。先应喷涂一侧的风挡玻璃边缘，然后从中心至外边；一侧完成后，再用相同的方法完成后部与侧面。

6. 整车喷涂

当修整整个汽车时，汽车不同部位喷漆顺序不同，一般在横向排风的房间里，先喷涂离排风扇最远的地方，从而能确保落在喷漆表面的灰尘最小，使漆面更光滑。先对车顶盖喷涂，然后是左侧或右侧车门，再为同侧的后翼子板，接着是行李厢盖和后围板。对汽车另一侧的喷涂先是后翼子板，然后是车门与前翼子板、发动机室盖、前裙板、门窗框，最后是对另一侧的前翼子板喷涂。

二、刮腻子

（一）刮腻子前金属表面的处理

清除掉受损伤或老化的旧涂膜，修整与保留旧涂膜的边缘交接部位之后，对于需刮涂腻子的表面，必须用压缩空气彻底清除粉尘。对于外露的金属表面，要用洗件汽油和溶剂进行脱脂处理。

雨天和湿度高的季节，金属表面往往粘附有湿气，应该用红外线灯和热风加热器，提高金属表面温度，除去湿气。寒冷季节也可采用相同的办法处理，这既可以提高腻子的附着力，又可以避免面漆涂装后出现起层、开裂等问题，同时腻子层的干燥速度也随之提高。

（二）腻子的选择

挑选腻子一是要求与金属和旧涂膜的附着性能良好；二是要求耐热性，在120℃条件下，承受30 min以上，也不出现起层、开裂、气泡等现象；三是腻子的施工作业性能，刮腻子后要求30 min左右就可以进行打磨，腻子的刮涂和打磨作业性能好。若打磨性能差，会使作业时间变长，操作者疲劳，既难以确保表面打磨质量，砂纸的消耗量也会增加。这些时间和材料的浪费，均将直接导致经济性下降。

若腻子过硬难以打磨，就会过多地削磨周围的涂膜，使表面凹凸不平，需再次补腻子。

易产生气孔的腻子也会导致作业效率下降。若出现了气孔，不仅要重新补腻子，还会产生起泡和起层等质量问题。

耐水性也是选择腻子的重要条件之一。如果对腻子采用干研磨，可以免去这一条件要求；若采取湿研磨，就一定要考虑这一因素，对腻子进行耐水性试验。

对于复合油灰，除上述要求和腻子相同之外，对附着力的要求更高。由于复合油灰涂层弹性不及腻子层，若附着力强在某种程度上能够弥补这一弱点。

当面漆采用丙烯酸聚氨酯磁漆时，为加快面漆干燥速度一定要加热进行强制干燥。若采用远红外线或红外线加热器加热，提高局部温度时，一般所用的腻子和复合油灰就不能承受。耐热性好的厚涂型复合油灰就是适应这一要求的产品，能够取代一般的腻子和复合油灰。

这种厚涂型复合油灰和腻子相比，虽然弹性显得逊色，但附着性能和耐水性能好，能够湿磨，并且颗粒较细，气孔少，不需要二道浆层覆盖。

（三）腻子的调和步骤

1. 取腻子

（1）腻子一般装于铁制的罐内，固化剂装在软体的管子内。腻子装在罐中的时候，如溶剂、树脂及颜料等各种成分会分离，因为腻子不能以分离的形态使用，故使用前一定要将罐盖打开并充分搅拌，用专用工具撬开腻子盒盖，可使用长柄腻子刮刀或搅拌棒一类的工具将腻子充分搅拌均匀。装在管子中的固化剂也一样，应充分挤压装固化剂的胶管，使管中的固化剂在使用前充分混合。腻子罐每次用后一定要盖好，以防溶剂蒸发，若溶剂蒸发了，要向罐中倒入专用的溶剂。

（2）将适量的腻子基料放在混合板上，然后按照规定的混合比添加一定量的固化剂，通常是以 100∶2～100∶3 的比例拌和。若固化剂过多，干燥后就会开裂；若固化剂过少，就难以固化干燥。近年来有一种方法将主剂和固化剂采取不同的颜色相区别，通过其混合后的颜色来判断其混合比。腻子主剂与固化剂拌和时，固化剂的容许量有一定范围，能够随气温的变化以适当调整，具体数值应以产品说明书为准。

需要注意的是，一次不能取出太多的腻子调和，由于调和后的腻子会很快固化，若还没刮涂到规定部位就固化了，调和的腻子便无法再用，从而造成浪费。

2. 拌和腻子

（1）用刮刀的尖端舀起固化剂，将其均匀洒落在腻子基料的整个表面上。

（2）抓住刮刀，轻轻提起其端头，滑入腻子下面，然后向混合板的左侧提起。

（3）在刮刀舀起大约 1/3 腻子以后，以刮刀右边为支点，将刮刀翻转。

（4）将刮刀与混合板持平，并向下压。必须要将刮刀在混合板上刮削，不能让腻子留在刮刀上。

（5）拿住刮刀，轻轻提起其端头，并且将上述中在混合板上混合的腻子全部舀起。

（6）将腻子翻过来，翻的方向与步骤（3）中的相反。

（7）与步骤（4）一样，将刮刀与混合板持平，并向下压，从步骤（2）开始重复。

（8）在进行步骤（2）~（7）时，腻子往往向上朝混合板的顶部运动。在腻子延展至混合板的边缘时，舀起所有腻子，并且将它向混合板的底部翻转。重复步骤（2）~（7），直至腻子充分混合。

腻子有可用时间的限制。可用时间是指主剂与固化剂混合后，保持不硬化，能进行刮涂的时间，一般在 20 ℃条件下，能够保持 5 min 左右，所以应依据拌和所需时间以及刮涂时间，决定一次拌和的量。若因拌和不好反复长时间拌和，超过可用时间（或留给涂抹的时间太短），就会使其固化无法使用，所以拌和的关键是速度要快，动作要熟练。

是否搅拌良好主要可通过混合物的颜色是否均匀来判定，若拌和不良，就会引起固化不良和附着不良等问题。有的腻子随季节不同，固化剂的配合比要变化，应依据产品说明书要求去做。

三、喷中途底漆（二道浆）

（一）喷涂前的准备

先用压缩空气清除表面粉尘。若进行过湿打磨，应做去湿处理，使被喷涂表面干燥，粉尘清除干净后，再用脱脂剂做脱脂处理。

对于不需喷涂的部位，应进行仔细覆盖，重点注意喷涂时可能产生飞溅的部位。另外腻子填补区的四周，要用 320~400 号砂纸打磨旧涂膜，以提高二道浆层的粘着力。

湿度高的季节和雨天，即使底层未做湿打磨，亦应注意做去湿处理。

（二）二道浆的喷涂作业

二道浆涂料种类的不同，其作业方式有一定差异。下面介绍常用的二道浆的喷涂操作方法。

1. 硝基类和丙烯酸类二道浆（1K 漆）

喷枪口径一般在 1.3~1.8 mm，采用上吸式和重力式都可以。口道浆涂料装入喷枪罐之前，必须先充分搅拌。因为涂料中所含颜料沉淀于涂料容器底部，必须通过搅拌，使其均匀分布于涂料中才能使用。使用电动搅拌器搅拌涂料比较省事。

将搅拌好的二道浆涂料装入喷枪罐，再用厂家指定的稀释剂稀释到适合的黏度。一般的二道浆虽然都可采用上等的硝基类用稀释剂，但丙烯酸类二道浆必须使用专用的稀释剂。加入稀释剂时，要用搅拌棍边搅边加。

喷涂之前，应再度确认被涂装表面是否清洁，喷涂气压力以 247 kPa 为宜，喷枪距离为 15~25 cm 左右。喷枪的移动应保持与涂装面相垂直，喷枪距离以 20~25 mm 为最佳，过近则易引起垂挂，过远则喷涂后表面显得粗糙。喷束直径和喷射流量应根据涂装面积大小来调整，喷涂时先在修理补涂膜边缘交接部位薄薄喷涂，使旧涂膜与腻子的交界面溶合，待其稍干之后，接着给整个腻子表面薄薄喷一层，喷涂后形成的表面应平整光滑，取适当的时间间隔，分几次薄薄地喷涂。一般要喷 3~4 次。

二道浆涂料的喷涂面积应比修补的腻子面积宽，并且要达到一定程度。相邻的几小块油灰修补块，可先分别预喷两遍，然后再用整体喷涂 2~3 次，连成一大块，这样处理可以取得良好的效果。这种场合也不宜一次喷得过厚，应取适当的时间间隔，分几次喷涂。

2. 聚氨酯类二道浆

在调制涂料之前，应先将主剂搅拌均匀，然后将主剂加入调漆罐中，再按规定加入专用固化剂，应使用计量工具按正确的比例调配。不同的厂家配制比例有差异，注意不要弄混。

使用放主剂和固化剂的容器之后一定要盖严实。若打开盖子敞放，就会与空气中的水发生反应，导致不能使用。主剂和固化剂混合后，用搅拌棒充分搅拌均匀，再加入聚氨酯二道浆专用稀释剂，调至适宜于喷涂的黏度，一般为 16~18 s。随厂家不同有所差异，应注意使用说明书要求。

将调制好的聚氨酯二道浆用滤网过滤，加入喷枪罐，所用喷枪若是重力式，喷孔直径为 l~3 mm，若是上吸式则为 1.5~1.8 mm。

聚氨酯二道浆的喷涂方法虽然与硝基类二道浆一样，但聚氨酯二道浆每道形成的涂膜较厚，一般喷两遍就够了。若需更厚可喷三遍，如旧涂膜剥离后的金属表面，如果直接喷涂二道浆，就需喷涂三次。

（三）二道浆的干燥与调整

1. 干燥

二道浆涂层在打磨前一定要充分干燥，如果干燥不充分，不仅打磨时涂料会填满砂纸使作业难以进行，还会在喷涂面漆之后，出现涂膜缺陷。气温寒冷的冬天，需采用红外线灯和热风加热器进行强制干燥，这不仅能加速干燥，提高作业效率，还能提高涂膜质量。需要注意的是，不能骤然提高温度，应逐渐加热到60℃左右。如果旧涂膜有起皱现象时，加热到 50 ℃左右为宜。

2. 二道浆涂层的修整

二道浆涂层的修整操作就是刮填眼灰。填眼灰也称填麻眼、找毛病或找麻眼等。麻眼灰也叫填眼灰、精细灰、快干灰、毛病灰等，主要用于面漆前的涂层表面上的麻眼、针孔、砂痕等小毛病（小缺陷）的填平、刮平，所以操作时较省力、省料、省工。刮麻眼灰是一种非常细致的工作，麻眼灰刮涂得好坏，直接影响面漆的外观质量，因此一定要将麻眼灰刮好，以确保面漆涂后的外观质量。修补工作用木刮刀或塑料刮刀薄薄地刮涂，切忌一次填得过厚。若一次填不满，间隔5 min 左右再填。

四、喷面漆

（一）喷涂面漆前的准备

1. 粉尘的清除

打磨工作结束以后使用气枪，用压缩空气彻底清除打磨粉尘。清除工作应按顺序进行，不能有遗漏。以全涂装为例，粉尘清除工作可先从车顶开始，然后发动机罩、行李箱盖等，最后是车门和翼子板的间隙、行李箱盖和发动机罩的边缘等。

2. 喷涂前的再检查与涂料准备

（1）喷涂前的检查作业

在开始喷涂作业之前，下列工作一定要做：一是检查全车身外表有无覆盖遗漏之处；二是检查打磨作业和清扫作业有无完备之处；三是检查喷枪和干燥设备有无异常。检查完毕之后，用肥皂清洗手上的油，穿上防尘服，再用压缩空气清除粘附在衣服上的灰尘。

（2）涂料的准备

这里以丙烯酸聚氨酯面漆为例，将调好色的涂料按需要的量取出，加入固化剂，调整好黏度，通常的做法是将主剂和固化剂调配好之后，再加入稀释剂调整黏度。喷漆工习惯之后，也可以先用稀释剂稀释主剂，过滤好，注入喷枪的喷漆罐中，再加入适量的固化剂搅拌均匀。

丙烯酸聚氨酯涂料所加入的固化剂比例，容许有一定的偏差，稍多点比少一点好。这样做的好处是可以真正做到用多少调多少，避免浪费。

（3）黏度的调整

涂料黏度并非常量，随温度发生变化。即同一种涂料，冬季比夏季显得稠。黏度越高的涂料，随温度变化的特征越明显，因此即使加入相同量的稀释剂，夏季的黏度为 13~14 s，冬季黏度就为 20 s 左右。

（4）涂料的过滤

调好色的涂料，难免混有灰尘和杂质，必须过滤之后才能使用。

（二）面漆的整车喷涂

1. 素色面漆的整车喷涂

素色是相对金属色而言的，素色面漆一般用于涂装普通车辆或档次不太高的汽车。根据不同类型车辆的需要，有的需喷涂清漆层，有的则不需要。素色面漆的喷涂工艺相对比较简单，要求也比金属色面漆低得多。

（1）第一次喷涂——预喷涂

以车身整体喷上一层雾的感觉，薄薄的预喷一层。喷这一层的目的是提高涂料与旧涂膜的亲和力，同时确认有无排斥涂料的部位，如果有就在该部位稍加大气压喷涂，覆盖住涂料排斥部位。

（2）第二次喷涂——形成涂膜层

在该工序基本形成的涂膜层要达到一定的膜厚。要注意尽可能喷厚一些，这是最终获得良好表面质量的基础，同时要注意不能产生垂挂和流动，并以此作为标准。

（3）第三次喷涂——表面色调和平整度的调整

第二次喷涂已形成了一定膜厚，第三次喷涂主要目的是调整涂膜色调，同时要形成光泽，有时要加入透明涂料，有时为调整色调，要加入干燥速度慢的稀释剂。

素色漆一般喷涂三次，就能形成所需膜厚、光泽和色调。如果色调还不满意的话，可将涂料稀释到 14 s，再喷涂修正一次。喷涂作业的先后顺序往往随操作者的习惯而定。

2. 金属色面漆的整车喷涂

金属色面漆由于其涂料中有铝粉或去母粉等颗粒，喷涂后会形成不同程度的颜色方向性差异，所以对喷涂施工操作要求非常严格，包括喷枪的调整、走枪的动作及喷涂技巧运用等均需要严格控制。

（1）用三层法（普通喷涂法）喷涂金属闪光色面漆

① 第一次喷涂——预喷涂（金属闪光磁漆）

以喷雾感沿车身表面整体薄薄喷洒，既提高涂料与底层或旧涂膜的亲和力，同时确认有无排斥涂料现象。如果出现了排斥现象，就在有排斥现象的部位，提高喷射气压（637 kPa 左右）喷涂。

② 第二次喷涂——决定色调（金属闪光磁漆）

第二次喷涂决定涂膜颜色，喷涂时不必在意出现的喷涂斑纹和金属斑纹，单层喷涂喷枪移动速度稍快一点为好。丙烯酸聚氨酯涂料遮盖力较强，虽然一般喷两次就行了，但有的色调需按第二次喷涂方法再喷涂一遍。

③ 第三次喷涂——消除斑纹（过渡层喷涂）喷涂

第三次喷涂是修正第二次喷涂形成的喷涂斑纹和金属斑纹，目的是形成金属感，也有防止喷涂透明层时引起金属斑纹的作用。喷涂时喷枪运行速度要快，与涂装表面保持 25~30 cm 的距离，薄薄地喷涂一层，要完全消除金属斑纹。

④ 第四次喷涂——透明涂料的预喷涂

第四次透明层喷涂不能太厚，喷涂太厚会引起金属颗粒排列被打乱所以要喷得薄。

⑤ 第五次喷涂——精加工喷涂（透明涂料）

以第二次透明层的喷涂结束涂膜工作，要边观察涂膜平整度边仔细喷涂。如果采用快速移动喷枪，往返两次覆盖，能得到很理想的表面色泽，尤其是在车顶、行李箱盖、发动机罩等部位，覆盖两次为好。

（2）双层金属闪光涂料的喷涂

① 第一次喷涂——预喷涂（金属闪光磁漆）

整体平均薄薄地喷涂，以提高涂料与旧涂膜的亲和力，同时检查有无排斥涂料现象，若有应提高气压喷涂。

② 第二次喷涂——决定涂膜色彩（金属闪光磁漆）

第二次喷涂决定涂膜色彩，注意不要出现喷涂斑纹和金属斑纹。如果出现金属斑纹，应将喷枪距离加大到 30~35 cm，以喷雾的方法进行喷射修正。

③ 第三次喷涂——透明层涂料预喷涂

④ 第四次喷涂——精加工喷涂（透明涂料）

第二次透明层喷涂是精加工喷涂，边观察涂膜的平整度边仔细喷涂，习惯了快速移动喷枪的，可以往返覆盖两层，以获得高质量的表面层。反过来，若移动速度过慢，就会产生垂挂现象。如果涂膜起皱，要加入干燥速度慢的稀释剂进行修正。

第四节　汽车水性漆喷涂工艺研究

一、水性涂料的发展

传统的涂料是树脂溶解在有机溶剂中的涂料，施工时需用有机溶剂调稀和清洗，一般简称为溶剂型涂料。在 20 世纪 50 年代成功开发水溶性（或亲水性）的合成树脂，配制成可用水调配的浸用涂料，60 年代又成功研制开发阳极电泳涂料。为进一步提高车身耐腐蚀性和泳透力，1977 年开始采用阴极电泳涂料，并形成替代阳极电泳涂料之势，这种用水全部或部分替代有机溶剂溶解是由水溶性成膜物质制成的，在涂膜形成之际树脂固化生成水不溶涂膜的涂料称之为水性涂料。

进入 80 年代随环保要求逐年提高，工业先进的国家或地区，既对挥发性有机化合物（VOC）的挥发量做出法规限制，又促进低公害、VOC 量低的水性涂料的大发展，在汽车工业中更广泛地替代溶剂型涂料，如水性中涂、水性底色漆

（金属闪光和本色）、水性罩光漆和水性防蚀涂料等前后获得实际应用。以车身涂装为例由底到面都采用水性涂料，可使 VOC 的释放量降到 27 g / m² （德国 1995 年的大气净化标准的 VOC 限值为 35 g / m²）。德国的欧宝公司艾森纳赫厂是全部实现水性化的第一条车身涂装线，年产 1.5 万辆"可赛""雅诗"两种型号的欧宝轿车，该厂 1981 年采用电泳涂料替代溶剂型底漆，又经 10 多年的努力到 1992 年，中涂和面漆全部实现水性化。德国汽车工业 90 年代新建的车身涂装线都采用水性中涂和水性底色漆，有的涂装线暂采用溶剂型罩光漆，有的已采用了优质的粉末和水性罩光漆。

　　现在，在我国汽车修补涂装行业中，大部分高端品牌轿车修补涂装已经大量使用水性底色漆。水性面漆都采用传统的金属闪光面漆的施工工艺，即底色层加罩光层的工艺。水性底色涂层可与溶剂型罩光漆配套。

二、水性涂料与溶剂型涂料的不同

　　树脂溶解在溶剂中成为溶解型，树脂分散在水中成为分散型的水性涂料。它们的性质和流动行为有较大的差别，同时水和有机溶剂也有很大的差别。在使用水性涂料的场合必须熟知这些差别是重要条件。

　　1. 颜料的分散性

　　有机溶剂型涂料几乎都是溶解型，涂料中的树脂分子呈"入"字线形。水性涂料多为分散型，树脂分子呈绕线团形的圆粒子状，这意味着分散粒子难吸附在颜料表面上。水溶性涂料初期的光泽鲜艳性好，在室外暴露时的光泽保持率差。现在水性涂料在经人工老化机促进试验 3000 h 前后，能维持光泽保持率 85% 以上，已是最高的限值，原因之一是水性树脂分子附着在颜料表面上存在一定的问题。

　　2. 表面张力

　　水性涂料的表面张力（720 mN / m）较溶剂型涂料（290 mN / m）高，在涂装时易产生下列缺陷及漆膜弊病：一是不易扩伸入被涂物表面的小细缝中；二是易产生针孔、缩孔、流挂等涂膜缺陷；三是不易消泡，易产生下沉、流迹等。

　　3. 蒸发速度

　　水非常难蒸发，汽化所需蒸发潜热非常高，远远高于一般的溶剂。蒸发慢在涂装时易产生流挂，还有在涂金属闪光底色时二层和三层时的晾干时间过长，延长整个涂装时间而使作业效率变差。

4. 受温度和湿度的影响

在喷涂水性涂料时应注意的是因水蒸发得慢和水性涂料独特的黏度特性，较溶剂型涂膜易产生流挂，另外受周围空气的温度和湿度的影响大，即湿度高了水就难蒸发。在喷漆室中涂装水性涂料，由于涂料中的水可瞬间使湿度升高，水变成水蒸气容积膨胀 1244 倍，因此湿度急剧上升，湿度到 90% 以上，在被涂物上涂好的涂膜会滴滴答答地流落下来，所以涂装水性涂料时要除湿，必须保持适合涂装湿度范围。温度也要保持在不产生流挂和流淌的一定温度范围内（如温度在 15~30 ℃，湿度在 60%~80%）。

理想的作业湿度为 60% ± 5%，在 40%~70% 时就必须采取额外的调整措施（如调整黏度或添加有机溶剂）。喷漆室的气温最好保持在 23 ℃ ± 3 ℃，才能得到相同的涂装质量，就是在这样理想条件下（喷漆室内气温 23 ℃、相对湿度 60%，风速为 0.4 m / s，晾干时间 10 min）水性底色漆在喷涂作业时溶剂挥发率远比传统的有机溶剂型金属闪光底色漆低。晾干后残留在涂膜中的溶剂量较多，不能适应"湿碰湿"工艺要求（在喷涂罩光漆前底色漆膜中的溶剂残留量不能超过 10%），为使水性底色漆涂膜中的溶剂残留量不超过 10%，必须延长晾干区及吹干或红外辐射及吹热风强制干燥。

5. 水性涂料的干燥

在室外风口晾晒衣服干得快，反之通风不良，干得慢或不能干燥，空气的相对湿度大了也干得慢，这也是水性涂料干燥的原则。因此，在晾干室中设置吹热风装置，能促使水分快速蒸发，可缩短晾干时间。

水性底漆闪干区的干燥过程分为红外线烘烤 1.5 min、吹热风 3 min 和吹冷风 2 min 三个主要步骤。最高的烘烤温度不要超过 70~75℃，最低要达到 40~45℃。

三、水性修补涂料

1. 双组分水性底漆

水性双组分防腐底漆既可作为在铁板、镀锌钢板、铝材上，1K 填充中涂漆下的防腐底漆和附着底漆，也也可以作为在磨穿处上的底漆，表面上可以直接喷涂水性色漆。

在高湿度及低温度的环境的中施工，需要延长闪干时间，用吹风枪可以加速闪干。再喷涂其他材料前，要确认底漆的表面已完全哑光，底漆的最长活化时间是 5 h，活化时间结束后，材料的黏度增加，其他性能也随之改变。

2. 单组分（1K）水性填充底漆

水性填充底漆用于固化不良旧漆膜的封闭处理，以及用在防腐底漆之上，做填充功用的底材处理，还可以作为指导层使用。

3. 水性底色面漆

水性底色面漆分为水性金属底色和水性纯色底色两种，属于 1K 涂料，按双工序施工，表面可以喷涂水性或溶剂型罩光漆。水性底色漆遮盖力极佳，溶剂含量只有 10%。喷涂罩光漆前要闪干表面 2~3 min，至表面哑光，用合适的吹风筒可以缩短闪干时间。

4. 水性漆的储存

水性漆储存要求环境温度在 5~30 ℃之间。在冬夏两季运输过程中必须加热和冷却，运输车需装备恒温系统，油漆储存间和调漆间需安装空调，盛放的容器使用防腐蚀设备不锈钢和塑料等。

四、水性漆喷涂注意事项

1. 最佳的施工温、湿度范围

温度、湿度对水性漆施工的影响如图 7-4-1 所示。最佳的施工温度、湿度范围分别为 23 ℃ +1 ℃、65%+5%。

2. 水性面漆的闪干

为了解决水性面漆闪干慢的问题，使用水性涂料吹风机，加快水分的蒸发，保证在喷涂罩光漆前，水性底色漆中的水分必须蒸发到小于 10%。在进行小面积修补时（如车门、叶子板等），可以减少烤房的加热需要，提高工作效率。

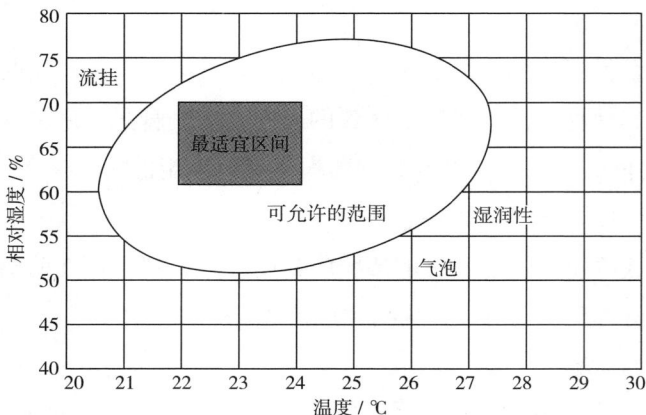

图 7-4-1　温度、湿度对水性漆施工的影响

五、水性底色漆的喷涂

1. 板件准备

首先，将不需要喷涂的部位遮护。其次，用粘尘布进行再次除尘。

2. 第一道喷涂

首先，将喷枪气压调整为 2.0 bar，喷枪喷幅调整为全开状态，喷漆流量调整为 1/2~2/3 开度。其次，喷涂时，要求喷枪与板件之间的距离为 10~15 cm（HVLP 喷枪），并保证喷嘴与板件之间始终保持垂直状态。保证喷幅之间有 1/4~1/2 的搭接，并且要控制好喷涂的速度。再次，第一道喷涂完成后要达到遮盖力 50%~70%，不可喷涂过厚。最后，闪干。由于水性底色漆闪干时间比较慢，可以使用水性漆吹风枪进行强制干燥，减少闪干时间。吹干时要调整好吹风枪的高度，与板件之间距离和吹风角度。

3. 第二道喷涂

首先，将喷枪气压调整为 2.0 bar，喷幅调整为全开状态，喷漆流量调整为 1/2~2/3 开度。其次，喷涂时，要求喷枪与板件之间的距离为 10~15 cm（HVLP 喷枪），并保证喷嘴与板件之间总是保持垂直状态。保证喷幅之间有 1/2~2/3 的搭接，并且要控制好喷涂的速度。再次，第二道喷涂完成后要达到完全将底色遮盖，涂膜丰满，表面颜色一致，无流挂等缺陷。最后，闪干。使用水性漆吹风枪进行强制干燥，保证涂膜中的水性溶剂挥发，表面哑光状态。

4. 第三道喷涂

首先，将喷枪气压调整为 2.0 bar，喷幅调整为全开状态，喷漆流量调整为 1/2~2/3 开度。其次，喷涂时，要求喷枪与板件之间的距离为 20~30 cm（HVLP 喷枪），并保证喷嘴与板件之间总是保持垂直状态。保证喷幅之间有 1/4~1/2 的搭接，并且要控制好喷涂的速度。再次，第三道喷涂完成后膜厚要达到 15~20 μm，涂膜表面有金属质感。最后，闪干。保证涂膜中的溶剂挥发，表面哑光状态。

第五节　汽车水性漆运用推广过程中的问题研究

一、水性漆涂装对设备的要求

（一）输调漆系统

由于水是腐蚀介质，会造成金属腐蚀，引起设备损坏和产生金属离子，不仅会使漆膜色泽泛黄，还会降低漆膜的防蚀能力。因此，水性涂料的贮漆容器和输送管路需用不锈钢制作，并应经过化学钝化处理。涂装线中的调漆系统和搅拌机、背压调节阀均应选用低剪切力类型。输漆管路连接应避免死角，输送系统以采用二线为佳，管路要加大，以增加循环供料泵的压力和流量。调漆罐搅拌机的循环速度应在 0.15 m/s。调漆间温度控制在低于涂料（3+1）℃。

（二）静电喷涂设备

水性涂料电阻小于 0.1 MΩ，有高压电泄漏风险，应采用专用的静电喷涂设备，通常采用外加电输漆系统，优点为供输漆系统和换色与传统方式相同。日本本田汽车公司成功开发和采用内加电的杯型静电喷枪，优点是能提高涂料的利用率。机器人弹匣式旋杯喷涂系统，将中转涂料容器做成独立的涂料容器（称为弹匣），可与旋杯进行快速组合，压送涂料，优点为节省换色时清洗溶剂，同时适用于溶剂型和水性涂料的静电喷涂。

（三）喷漆室

喷漆室的材质应采用不锈钢，喷漆室的新风补充需配置除湿装置，防止涂膜流挂。工人在建造喷漆室时，应该注意的问题有两点：一是建造时所用的材料应该为不锈钢制品，采用不锈钢可以减少喷漆的步骤，从而达到不让涂料腐蚀环境的效果；二是涂料涂装时环境的设定，由于水性涂料对涂装的环境的特殊性，所以对环境的要求十分严格。一般分为以下情况：喷漆室内的湿度在 60%~70%，温度在 20~26℃，空调风速在 0.3~0.6 m／s，这些要求都是十分严格地按照标准设定的。

（四）烘干室

水性涂料中水的蒸发率低，闪蒸或晾干的时间与湿度有关，应采取措施，防止涂层产生弊病，在喷涂溶剂型罩光面漆前，要控制底色漆膜中残留溶剂 <10%，以防止涂膜产生弊病。降低闪蒸或晾干、烘干段湿度，提高水的蒸发率，进行低温加热，吹风闪干，防止流挂。采用红外加热 60~80 ℃，保温 2~3 min。采用冷却降湿法，降低闪蒸室循环空气的湿度，将闪干室空气温度升高。

二、水性漆的运输及库存要求

水性漆对温度很敏感，如果贮存在低于冰点温度时会改变油漆的溶解特性，导致油漆中活性物质沉淀，材料就不均匀，经过重新加热后，水性漆不会回到均质状态，它的特性将被破坏。因此，水性漆运输和贮存时有较高要求。在冬季和夏季运输过程中需有加热或冷却装置，为此必须使用控热的卡车或运载装置，在仓库和调漆室内需有空调。

因水性漆中含水，故会使传统油漆运输设备产生腐蚀，不仅损坏设备，还会使油漆本身易受 3 价离子的影响，这些离子将影响油漆的流变特性。因此，要求所有接触到水性漆的设备需用不锈钢或塑料制品。

水性漆贮存稳定性仅 3 个月，对运输和贮存又有较高要求。因此，国内汽车公司如采用水性漆不宜从国外进口，最好就近生产，便于及时供货。BASF、杜邦等油漆供应商均表示，如中国汽车公司考虑采用水性漆，他们准备在中国建立水性漆生产基地。

三、水性漆涂装过程中的技术问题

（一）静电喷涂技术

实际施工过程中，静电喷涂技术首先要考虑的就是漏电问题，把重心放在这个问题上，因为这个问题不解决工人的安全就得不到保障，其次要考虑的一个问题就是所选用材料的导电性如何，如喷涂溶剂型涂料的静电喷涂设备不适用于水性涂料的静电涂装，因为水性涂料的电阻较低，在高压的情况下往往会导电。现如今水性涂料的静电喷涂可以采用方式有两种，一是外部电极荷电式和输漆系统与电喷枪之间绝缘，二是设置一个绝缘中转漆罐。实际上，静电喷涂技术还存在很多问题尚未得到解决，因此在这方面的研究还有待提高。

（二）晾干技术

在涂装的时候，为了使得水分的挥发进一步加快，可以通过借助外力进行辅助，如在色漆的晾干段增加一定量的红外线加热和热风吹干设备等，同时还需要在喷涂罩光清漆之前，将被涂装汽车冷却到30℃以下。为了对现有晒干技术进行改进，还可以通过对水分干燥的观察，采用冷却降湿法，目的是在于减小晾干室内部的湿度，从而在一定程度上提高水分的蒸发速度，以及提高工作效率，从而缩短工期。

（三）烘干技术

由于水性涂料中含有大量的水，如果采用晒干技术，必定要经过一段相当长的晾晒期。同时，还容易出现的问题就是晾干不到位，可能会导致涂膜中残留少许的水分，在实际中为了尽可能地减少水分余留问题的出现，通常采用的办法是增加预烘干区，即通过吹热风达到强制干燥的效果。采用烘干技术时，需要注意的是必须保证涂膜和被涂物升温不宜过快，要有晾干和升温期，当水分基本上被蒸发掉时才能烘干，否则可能因水分剧烈蒸发影响到涂膜的质量以及效果。

第八章　漆面质量检查与修复

本章主要介绍了漆面质量检查与修复的内容，根据不同的质量指标对漆面的质量进行检验，并且针对漆面的损伤进行修复。本章从两个角度进行论述，分别是漆面质量检查和漆面修复。

第一节　漆面质量检查

一、漆面质量检查项目

（1）光泽是鉴别漆面外观质量的一个主要项目，不仅关系到漆面的光亮程度，同时光泽较强的漆膜对大气的抵抗作用比光泽差的要好。漆膜的光泽，会随时间延长而逐渐消失。

（2）颜色及外观应是漆面最主要也是最基本的检验项目，应与原车一致。

（3）漆膜的硬度既是表示漆面机械强度的重要性能之一，也是漆膜表面对作用其上的另一硬度较大的物体所表现的阻力。漆膜的硬度与干燥程度有关，一般来说干燥得越彻底，硬度就越高。

（4）耐磨性是漆面的重要特性之一，不仅与漆膜硬度和附着力有密切关系，还与底材种类、底材表面处理、漆膜在干燥过程中的温度、湿度及漆膜表面的粗糙度也有关系。

（5）附着力是指漆面与被涂物体表面牢固结合的性能，是考核漆膜最重要的指标之一。

（6）冲击强度是漆膜承受高速负荷作用的变形程度，反映漆膜的弹性和对底板的附着力，用 1 kg 重的重锤落在漆膜上不引起漆膜破坏的最大高度表示。

（7）厚度是涂料检验过程中一项重要的质量指标。若漆膜厚薄不匀，或涂装时的层数没有达到一定厚度，均对漆面性能产生不良的影响。

（8）柔韧性是指漆膜经过一定幅度的弯曲后不发生破裂的性能，也叫涂膜的弹性或弯曲性。

二、漆面质量检查内容

（1）由远至近多角度观察，不得有砂纸印和原子灰印。

（2）不得有抛光印和抛穿现象，近看油漆面（尤其是边角）有无抛穿，远看光泽有无明显变化。

（3）沾在拉手、玻璃、门边和装饰件等涂料与抛光蜡是否清除干净。

（4）通过近处观察，油漆表面不得有明显尘点。

（5）在离车 0.5 m 处观察面漆、色漆是否完全遮盖中涂漆。

（6）修补后漆纹应与原车匹配，没有明显"橘皮"现象。

（7）在离车 2 m 远处观察银粉漆、珍珠漆是否起云。

（8）边角位是否修补到位或漏喷。

（9）远看并从多角度观察修补工件表面的光泽是否和原车应基本一致。

第二节　漆面修复

一、酸溶剂侵蚀的修复

1. 现象

涂膜表面出现一片片不规则的粗糙、褪色、局部剥落或破裂的区域，有时受侵蚀区域会出现龟裂或裂缝，涂膜表面可以看到侵蚀物质的痕迹。

2. 主要原因

制动液、过氧化物（原子灰的固化剂）、蓄电池溶液等腐蚀性物质洒落在涂膜上；酸雨；对新涂膜使用了洗涤剂；涂膜固化不良。

3. 预防措施

注意保持涂膜表面的清洁卫生，保护好涂膜；新涂膜避免使用洗涤剂；保证涂膜充分固化。

4. 修补方法

对于损伤轻微的涂膜，可采用砂纸研磨、抛光的方法加以修复。对于受到严重侵蚀的涂膜，应将被侵蚀的涂膜彻底除掉，然后重新喷上涂装。

二、褪色的修复

1. 现象

基材上有原子灰的表面，涂膜的颜色变黄。

2. 主要原因

原子灰中使用了过量的过氧化物。

3. 预防措施

充分搅拌均匀原子灰，认真计算并精确称量原子灰中过氧化物的用量。

4. 修补方法

打磨掉褪色的涂膜，直至露出原子灰表面，然后用环氧底漆封闭原子灰表面，重新喷上涂料。

三、渗色、底层染污的修复

1. 现象

在一种涂膜上涂另一种颜色的涂料时，底层涂膜部分进入面层涂膜中使面层涂膜表面变色，变色通常呈晕圈形式，严重时涂膜颜色完全改变，一般在红色、褐色漆表面喷涂时会发生此现象。

2. 主要原因

底层涂料中的颜料被新涂层中的溶剂溶解并吸收。

3. 预防措施

使用防渗色封闭底漆，喷涂前应清除原涂膜上黏附的漆雾，通过试喷试验检查原涂膜是否有渗色现象。

4. 修补方法

打磨到原涂膜，喷涂封闭底漆，将原涂膜封闭，再重新喷涂涂料。

四、起痱子的修复

1. 现象

涂膜表面呈现成片的大小不等、密度不同的气泡。大气泡直径大于 1.5 mm，一般成片出现，有时也会单独出现。小气泡直径一般为 0.5 mm，分布蜿蜒曲折或状似指纹。

2. 主要原因

涂膜下陷入了水汽或污物。表面不清洁，残留了水、油、油脂等污染物；材料不配套，或未按规定使用稀释剂；涂膜厚度不够，增大了透气性；水分渗入新喷涂和旧的涂膜内。

3. 预防措施

注意保护好涂膜表面，涂装前的表面处理工作要彻底；按规定使用配套涂料；按正确的喷涂工艺操作；在涂膜完全固化之前，避免暴露在湿度太大和温度变化剧烈的环境中。

4. 修补方法

用一根针挑破气泡，确定气泡的深度，并用低倍放大镜查出气泡产生的原因。当气泡发生在涂层之间时，可将缺陷区域打磨掉，露出完好的涂层后，再重新喷漆。若缺陷严重，或气泡发生在底漆与基材之间时，应将基材之上的涂层全部除掉，然后重新涂装。

五、鼓泡的修复

1. 现象

涂膜表面出现较大的圆形鼓泡或气泡，一般出现在接缝区域、死角处或原子灰较厚的表面。

2. 主要原因

陷在涂膜下的空气发生膨胀，引起涂膜与基材分离。底漆、原子灰等的施工不当；涂膜连接处的羽状边（薄边）处理较差；用劣质稀释剂或稀释剂不足、压缩空气的压力太高等；涂膜盖在缝隙或死角上，使得涂膜下面形成空隙；没能正确地处理和封闭基材。

3. 预防措施

正确地使用底漆、原子灰；正确地制作羽状边；以免涂料一次性喷涂过厚，以保证涂料渗入缝隙和死角；使用推荐的稀释剂，并且按正确的喷涂工艺操作，喷涂底漆时要喷得薄和湿；检查基材有无气孔，认真清理并封闭基材；烘干涂膜时避免温度太高。

4. 修补方法

依据气泡的深度，将相应的涂膜全部磨掉，修补好下层缺陷后，重新补喷涂料。

六、粉化的修复

1. 现象

涂膜表面出现白垩状的尘土或粉末，一般发生在老化、旧涂膜表面。

2. 主要原因

涂料中某些成分析出涂料中有不匹配或不合格的材料；涂料中的树脂或颜料老化。

3. 预防措施

使用推荐涂料；避免紫外线（强光）照射涂膜，不用强力洗涤剂清洗涂膜。

4. 修补方法

将涂膜磨平并抛光，就能恢复光泽。严重时，应重新涂装。

七、缩水、鱼眼的修复

1. 现象

涂膜表面出现许多大小从针孔到直径 1 cm 的火山口状空洞或凹痕，一般大尺寸的凹痕单独出现，小凹痕以较小密度成片出现。在凹痕的中心通常可发现有小的杂质颗粒存在。

2. 主要原因

涂料表面张力产生以下变化：涂装环境中或基材表面上有含硅的有机化合物；有其他污染源，如油脂、洗涤剂、尘土、蜡等；底漆中含有不匹配的成分；涂装室内蒸气饱和。

3. 预防措施

用除蜡脱脂剂彻底清除基材表面，不得在涂装室内使用含硅类的抛光剂；底漆必须匹配；注意涂装室的蒸气饱和程度。

4. 修补方法

将缺陷区域的涂膜彻底清除，按照要求处理基材表面，重新涂装，必要时还应在涂料中使用抗鱼眼添加剂。

八、起云、起斑的修复

1. 现象

常发生在金属色漆涂膜上，喷涂后涂膜颜色变得较白且呈云团状。

2. 主要原因

采用不匹配的催干剂或稀释剂，混合不均匀；喷枪的扇形有误；喷涂方法不对，涂膜太厚，涂装后挥发时间不充分；基材表面温度太高或太低。

3. 预防措施

采用正确的喷涂方式；开始喷涂前，将喷枪的扇形调整好；使用推荐的稀释剂与催干剂，并充分混合好；确保基材表面的温度处于推荐的范围之内。

4. 修补方法

如果还没有喷涂清漆层，可再喷一层银粉漆盖住起云的部位，否则应将涂膜磨平，然后重新喷涂。

九、污物污染的修复

1. 现象

涂膜表面出现污点、斑点、溅斑或变色，有油腻或黏的感觉，或摸上去存在砂粒的感觉。

2. 主要原因

异物粘在或被嵌入涂膜表面，如果汁、树脂、鸟粪、水泥等落在涂料中；金属微粒被嵌入涂膜表面且发生氧化。

3. 预防措施

不能让任何污物留在涂膜中；确保涂膜完全固化；不能让新涂膜暴露在任何

能够导致脏污的环境中；使用涂装室，确保室内空气的清洁度。

4. 修补方法

对于轻微的污点，先用柔和的洗涤剂溶液清理涂膜表面，再用质量分数为10%的草酸溶液冲洗，防止掉铁类杂质微粒，最后用清水漂洗、打磨、抛光，使涂膜表面恢复光泽。若用上述方法去除不掉，需将涂膜除去，然后重新涂装。

十、腐蚀、生锈的修复

1. 现象

涂膜（特别是车身连接件周围、板的边缘或缝隙处）脱落、起泡或变色。

2. 主要原因

金属基材遭受腐蚀，导致涂膜的附着力下降。意外事故造成金属基材裸露，或钻孔后未立即处理裸露的金属表面；污染物破坏了涂膜使金属基材裸露出来。

3. 预防措施

保证所有裸露的金属表面均用金属处理液及底漆处理后才进行喷涂；涂膜损坏后要尽快将其修补好，尤其是边角处新裸露出来的金属要立刻进行处理。

4. 修补方法

将缺陷区域的涂膜磨掉，露出金属基材，去除基材表面的锈迹，用合适的金属处理液及底漆处理基材表面，然后重新涂装。

十一、开裂的修复

1. 现象

涂膜发生无规则的断裂或裂缝，一般发生在基材上被填补的缝隙或板的边缘附近。涂膜裂缝的深度不等，较严重的裂缝可深达基材，局部修补时，在羽状边刚刚喷上涂料后，可能会出现轻微裂纹。

2. 主要原因

涂膜中的气泡因为气候原因膨胀或涂膜中的内应力增大使得涂膜失效。涂料混合不均匀，稀释剂不够或型号不对；基材表面处理较差，砂纸太粗，清洗不净或缝隙填补不当；压缩空气管中有油或水；涂膜太厚，各道涂膜之间的流平时间不足；涂装时基材的温度太高或太低；在没有充分固化时或在热塑性丙烯酸涂膜上喷涂了热固性涂料。

3. 预防措施

涂料必须要混合均匀，按规定的比例和型号使用稀释剂；严格将基材表面处理好，尤其要注意羽状边周围的处理；正确维护压缩空气设备；使用正确的喷涂方法，每道喷涂的涂膜要薄和湿，确保各道涂膜之间的流平时间。喷涂时基材表面的温度要合适；喷一层环氧树脂漆，将热塑性丙烯酸涂层封闭。

4. 修补方法

如果裂缝较轻微只影响面涂层时，可用砂纸打磨裂纹直至露出完整表面，然后重新喷涂。如果裂缝穿透到底漆时，则将缺陷区域的涂膜全部除去，将基材缺陷彻底修复，然后重新喷涂。

第九章　汽车车身彩绘技术

汽车彩绘技术最早应用于军事，经汽车商及各类汽车赛事活动广泛应用后逐渐普及。本章主要介绍汽车车身彩绘技术，包括汽车车身彩绘基础知识、车身彩绘技术运用与发展和车身彩绘技术新研究。

第一节　汽车车身彩绘基础知识

一、彩绘的定义

彩绘是一种艺术表现形式，源于人们对于精神享受、艺术理念的追求，汽车彩绘既是这种追求的完美实施者，也是这种艺术表现形式的具体现象。

车身作为汽车这种交通工具的表面体，给予了艺术家们更多的艺术想象能力和思维扩展空间，画布从此转移到了车身上。把车身当作画布来绘制富有创意的图案，与其说是技术上的突破，不如说是人的思维方式、审美意识的变革。

普通的画布是方形的，也是二维平整的，展现的内容虽然具有一定的局限性，但这阻挡不了艺术家们超常的艺术发挥能力。汽车表面不是平整方形的，是立体的，有着相连的前后左右上 5 个方向，因此车身是由 5 个不同角度的面与转角组成的，对于那些善于发挥想象的艺术家正是如鱼得水，5 个不同角度的面更有利于发挥和表达更加完美的画面，同时发挥艺术家们善于思考、创造的天才能力，可以从不同的角度来表达同一图形的内涵和象征意义。

二、汽车彩绘

在我国汽车的保有量不断增加，私家车已逐步成为人们的代步工具，人们开始享受汽车这种交通工具给人们带来的便利。人的追求是无止境的，人要享受的事物是不断升级的，在物质财富满足的情况下，精神财富的追求促使汽车美容、汽车改装行业的火爆。人们开始注重装点自己的爱车，从内饰到表面，希望使它更加富有个性，不能说独一无二，也要与众不同，汽车彩绘就在这样的诉求下展现了它独特的个性魅力，并且开始不断满足人们的这种需求。需注意要符合国家的相关法规政策。

2008年，我国新的交通法放宽了对汽车改装、汽车装饰行业的限制，并大力发展这个行业，这使得采用汽车彩绘艺术的这种汽车漆面改装得以合法化，虽然还有种种限制，但在不同的地方政策中也都放宽了对汽车彩绘的限制，使得汽车彩绘烤漆行业开始走向春天，又一个富有潜力的发展项目由此诞生，发展空间无限。

个性化的追求已成为当今社会的时尚，如个性的服饰、个性的家具、个性的首饰、个性的家庭装修以及个性的灯具等。"个性"好像已成为这个时代的代名词了，个性化的汽车彩绘也逐渐成为这个时代一道亮丽的风景线。汽车彩绘艺术永远没有尽头，因为它展现的是永远不会重复地张扬个性。城市里川流不息的车流，偶尔会有画着各种图案的彩绘车奔驰而过，点缀着这个城市的色彩，丰富了这个现代化城市的汽车文化。汽车文化的发展也象征着这个城市的文明发展程度和人们的物质生活水平。

汽车彩绘是将艺术与车身文化相结合的改装形式，它源于人们对精神财富、艺术审美的追求，随着人们物质财富的不断满足，对精神层次与个性化的追求促使汽车美容、汽车改装行业火爆。

汽车彩绘的通俗理解为汽车文身，就是像电影中古惑仔身上的左青龙，右白虎。车身彩绘的深层次含义是车身艺术。那什么是艺术呢？艺术就是借助一些手段或媒介，塑造形象、营造氛围，来反映现实、寄托情感的一种文化。举个最简单的例子，目前马路上来来往往的车辆，我们一眼就能分辨出公交车、校车、警车、出租车等车和私家车的区别，这就是因为不同且统一的涂装赋予了车身一个含义，使得车辆具有了某种意义。现在国内的汽车涂装仅停留在区分车辆类别的层次上，车身彩绘就是提升涂装对于车辆意义的多样化，车主可以借助自己所想，所喜欢的图案来塑造、表达自己的个性、喜好，使得自己的爱车不仅能方便自己的日常出行，还是车主表达自己的个性、品味的流动的艺术体。

三、彩绘颜色认知

（1）红、黄、蓝称之为原色。这三种原色颜色纯正、鲜明、强烈，虽然这三种原色本身调不出来，但它们可以调配出多种色相的色彩。

目前市面上有很多丰富的颜色成品，作画时应该充分利用现成的颜料，这样可以节省调色时间，其中的原理还是必须要知道的。

（2）三原色中任何的两种原色作等量混合调出的颜色叫间色，亦称第二次色（红蓝＝紫色、黄红＝橙色、黄蓝＝绿色），如图 9-1-1 所示。两个原色在混合时分量不相等的话又可以产生其他不同的颜色。

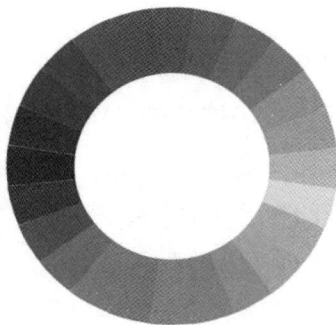

图 9-1-1 间色

（3）任何两种间色（或一个原色与一个间色）混合调出的颜色则称复色，亦称再间色或第三次色。任何一种颜色与黑色混合得到都是复色，凡是复色都有红、黄、蓝三原色的成分。

（4）色相指色彩的相貌，既是色彩最显著的特征，也是不同波长色彩被感觉的结果。光谱上的红橙黄绿青蓝紫就是七种不同的基本色相。

（5）明度是指色彩的明暗、深浅程度的差别，取决于反射光的强弱。它包括两个含义：一是指一种颜色本身的明与暗；二是指不同色相之间存在着明与暗的差别。

（6）彩度指色彩色素的纯净和浑浊的程度，也称色彩的饱和度。纯正的颜色无黑白或其他颜色混入，纯度低的颜色给人灰暗淡雅柔和之感，纯度高颜色，虽然给人鲜明突出有力，但是感觉单调刺眼，混合太杂则容易感觉脏，色调灰暗。

（7）同类色是同一色相中不同倾向的系列颜色，如黄色中可分为柠檬黄、中黄、橘黄、土黄，都称之为同类色。

（8）对比色是人的视觉感官所产生的一种生理现象，是视网膜对色彩的平衡作用。对比色指在 24 色相环上相距 120° 到 180° 之间的两种颜色，会给人强烈的排斥感。若混合在一起，会调出浑浊的颜色，如红与绿，蓝与橙、黄与紫互为对比色。

（9）色相环中相隔 180° 的颜色，如红与绿，蓝与橙，黄与紫互为补色。补色相减（如颜料配色时，将两种补色颜料涂在白纸的同一点上）时就成为黑色。补色并列时，会引起强烈对比的色觉，会感到红的更红、绿的更绿。如将补色的饱和度减弱即能趋向调和。

第二节　车身彩绘技术运用与发展

一、喷笔的使用方法和技巧

喷笔的使用方法和手感与普通的画笔是有很大区别的。喷笔是用气压推动的，使颜料从喷笔前端的喷嘴喷出来，可调节扇面的大小、粗细等。

使用喷笔进行工作真的很方便，很多以前用画笔很难达到的效果在使用喷笔后就能轻松地完成，如进行发丝的刻画、光的效果、云彩效果、背景的渐变效果等，使用喷笔会很容易完成。

喷笔的最大特点是可以轻松控制喷绘面积的大小、颜色的轻重、色彩的渐变层次，小到可以喷出发丝一样的细线，并可调节细线的轻重浓淡；大到可以喷绘出很大面积的渐变色彩，并可以自由控制虚实和面积大小。

1. 基本使用方法

喷笔的控制原理虽然很简单，但要控制得随心所欲就比较困难了。拿笔的手臂要自然放松，运动时要大臂带动小臂，小臂带动手腕，这样形成一个关节运动，绘制出来的线条流畅、自然。

还有许多因素影响画面的效果，在喷笔喷嘴与画面的距离不变和出油量不变的情况下，可以调节喷笔的气压阀，气压越大，在同等时间内喷绘出的颜料越多、面积越大；气压越小，在同等的时间内喷绘出的颜料越少、面积越小。

在喷笔气压和出油量不变以及同等的时间内，距离画面越近，喷绘在画面上的颜料就越多，喷绘的面积就相对越小；距离画面越远，喷绘在画面上的颜料就越少，喷绘的面积就相对越大。

在距离和气压不变的情况下，可以自由地控制出油量的大小，用拇指把控制阀门向后扳动，扳动的幅度越大，喷到画面的颜料就越多且面积越大。

彩绘画师可以通过调节距离的远近来控制喷笔喷绘出的点、线、面效果，同时还可以通过调节气压和出油量来完成各种复杂图案效果的绘制。这 3 种控制喷笔的方法互相配合，也是喷笔最基本的使用控制方法。

2. 线的绘制

彩绘中的线条要流畅、自然、飘逸，这要求彩绘画师有很扎实的基本功训练。线条的特点是两端虚、中间实，彩绘画师在绘制过程中喷笔由远及近地接近画面，运动时在未接近画面时先给气，在快要接近画面时缓缓向后扳动阀门给颜料，使出油量由少及多，在接近画面时也就是在喷绘到线段中间时，颜料给的最多，距离画面也最近。然后是缓缓离开画面，同时油量给的越来越少，慢慢放开给油的阀门，气压要一直给着，直到离开画面后，颜料不给了再放开气压阀不给气了，就是先收油、后收气。

看似简单的一条线，其实里面有着很深的内涵和严格的绘制手法，这就是技术。技术不仅要严格遵循的，也是要靠长期经验积累出来的。一般进行线的练习时，喷笔离画面的距离是 2~3 cm。

3. 光效的喷绘

光线的绘制相对喷绘线条要离画面更远一些，最主要的是控制出油量和距离。

光是没有清晰边缘的，边缘是模糊的，光是有方向性的，这就是光线的效果。光顺着一个方向照射出去，要求喷笔距画面一定的距离，先给气，再给油，在出油量和气压不变的情况下，主要是距离的远近决定光线的效果，相对合适的距离可以喷绘出很形象的光线效果，这个距离相对于喷绘线条要远很多。

4. 颜色渐变的喷绘

色彩的渐变效果也是喷笔绘画的一大特色，因为用普通的画笔很难表现均匀的色彩渐变效果。渐变效果的绘制是这样的，以一条线段或一个方向作为基点，保持出油量不变的情况下，向一个方向均匀喷绘，注意每喷绘一笔要与前一笔喷绘的画面衔接融洽，后一笔要比前一笔喷绘时距离画面远，这样就使得画面内距离画面近的地方颜色较重、色彩浓艳，距离画面远的地方，颜色越来越淡和变浅。

二、颜料的调配和应用特点

汽车彩绘所使用的颜料可分为两种：一种是水性颜料，如丙烯颜料和水性汽车漆，后者很昂贵且不常用；另一种是常见的单组分的快干汽车漆，颜色非常丰富。

常见的水性漆就是绘画上使用的丙烯颜料，由丙烯酸组成。因为它比较方便调节，用水可以直接稀释，喷绘到画面瞬间就会干透，并且颜料表面干透后不怕水，还能起到防水作用。丙烯颜料在绘画历史当中被广泛使用，历史悠久，丙烯画表面处理得好可以维持几百年不变色。丙烯颜料与水调节的比例是 1:3，与水调节均匀，并用过滤网过滤后，颜料无杂质、更细腻，这样使用起来不会因为有杂质堵塞喷笔的喷嘴。

丙烯颜料是一种绘制汽车彩绘很好的颜料，由于以前应用在传统绘画方面，所以制作工艺要求很高，研磨得更细腻，色彩艳丽持久，一般国内应用的品牌，如玛丽牌、温莎牛顿、青竹牌系列都是非常不错的。丙烯颜料干后不怕水是它的一个最大特点，另一个特点是可以牢固地附着在任何光滑可附着颜料的表面，包括金属、塑料、木制品、陶瓷、普通墙面等，可绘制的材质非常广泛，如汽车彩绘、吉他钢琴彩绘、家具彩绘、墙体装饰彩绘、陶瓷浴盆彩绘、电脑机箱彩绘等，并且不会与材质起任何排斥反应，不会起皮、不会褪色、不会开裂，表面如果有了灰尘可以用水清洗。

丙烯颜料无毒无味，是一种比较环保的颜料，特别是在所有事物都强调环保的今天，丙烯颜料更是最佳的选择。由于大面积喷涂的时候都会产生粉尘，所以在绘制过程中都要求佩戴防尘面具保护自己。由于丙烯颜料环保无毒的特性，所以更适合女孩子学习使用。

另一种就是使用频繁的快干汽车漆。汽车漆的色系非常丰富，有各种各样的颜色，配色调漆技术也非常成熟，汽车漆与车体之间衔接得更牢固，其细腻、润滑、颜色饱满、色谱丰富，更适合喷笔绘制彩绘。汽车漆需用稀释剂清洗，清洗容易，不易堵塞喷笔。由于汽车漆加入了树脂，使漆质更润滑，喷出的线条更柔顺，颜料细腻透明，因此汽车漆是汽车彩绘的最佳选择。由于汽车漆不环保，有一定的毒害，味道比较浓重，粉尘大，如果长时间吸入会严重伤害身体，所以施工时一定要戴好防毒防尘面具加以保护。建议女孩子尽量不要使用汽车漆进行彩绘绘制，使用丙烯颜料比较适合。汽车漆、固化剂、稀料调和比例为6：3：1。

三、形体模板的应用技巧

模板在汽车彩绘中是经常用到的，在汽车彩绘制作中是必不可少的，并不意味着任何图案都是需要模板的，只有形体明确或需要绘制比较写实效果的图案时才必须应用模板。

如何判断在什么情况下需要应用什么样的模板呢？模板作为一种辅助造型的工具分为以下几种形式。

（1）硬模板是用硬纸板（卡纸）制作的模板形式，可以刻画形体比较清晰的图案，如写实人物的脸型、手的轮廓、方方正正的形体边缘等，还有近景中靠前的主体形象。一般写实风格的图案，特别是画面中主体的形象，轮廓线本身就非常清晰的，还有前后关系明确、明暗分明、界限分明的部分都需要借用硬模板的形式。

（2）软模板也叫描线透稿的模板形式，不需要借用卡纸或其他的实质性媒介，利用复写纸把图案形体轮廓和结构线直接描绘在车身上，在车身上直接可以体现出形体线条，然后利用喷笔喷绘线条来绘制出图案。

（3）适量模板形式是利用刻绘机把图案形体线以适量封闭线的形式刻绘在不干胶纸上，在不干胶纸上形成可以镂空的图案。这种模板多应用在喷绘一些卡通图案、字体、标志、适量图文、边缘清晰的线条等。

还有一些图案是不需要模板辅助的，凭彩绘画师即兴发挥，是彩绘画师经验积累到一定程度可以凭借自己的经验感觉绘制出来的理想图案，如写实的发丝效果、光线的效果，没有办法借用模板来完成，只能考验彩绘画师的技术高低了，还有云彩的绘制也是不需要模板的，一些渐变的背景色，以及一些没有明确轮廓的形体，如远景的树枝、山峦和在视觉上模糊的影像等。

四、彩绘中上色流程和技巧

汽车彩绘绘制过程中的上色流程是与普通的绘画上色完全不一样的，如渐变色。普通绘画方法是调和不同色阶的颜色反复涂抹、由浅入深、由深及浅以及由一种颜色到另一种颜色，这个过程需要调和几种颜色进行涂抹，很复杂且笔痕不易均匀。利用喷笔进行喷绘就非常方便，只需要调和两三种颜色即可喷绘出色彩丰富、渐变均匀的效果。

（1）色彩分解在彩绘过程中的作用

常见的绘画流程是把两种或几种颜色调和成一种需要的色彩涂抹在画面上，这样的色彩在彩绘画面中应用就会出现色彩死板和色彩不丰富的效果，使用喷笔可以达到普通绘画方法所达不到的更好效果。色彩分解就是把一种颜色分出两种或三种颜色进行层叠喷绘，先喷第一层颜色，再叠加喷绘第二种颜色，这样当第一种颜色遇到第二种颜色就会变色成画面所需要的颜色，这种颜色在视觉上叫色彩分解，好处是色彩显得丰富、透彻，如喷绘绿色，可以先喷绘一层蓝色，再喷绘一层黄色，这样使两种颜色叠加在一起就变成绿色了，这样的颜色里既能体现出绿色，又能透彻出蓝色和黄色，色彩就变得非常丰富和透视。

彩绘的上色过程中可以大胆地使用这种方法绘制图案，这也是喷绘绘画与普通绘画方法的最大区别。色彩分解在国外被广泛地应用到彩绘的绘制当中，所得到的效果是普通绘画方法无法比拟的。

（2）色彩染色技巧

色彩上色过程在彩绘中还有一个很重要的技巧是涉及色彩的薄厚和覆盖的性质。任何颜色都是以白色为基底的，只有把色彩喷涂在白色质地上才能显现出色彩的本色。当在已经画好底色的背景上绘制其他颜色时，是不能直接在背景上喷绘的，这样是画不上的，因为彩绘的颜色除了白色和黑色外，其他颜色是半透明的，两种颜色叠加在一起会变成其他颜色，不能达到预期的效果，如在深蓝色的背景上喷绘浅绿色的线条，不能用浅绿色直接在背景上喷绘，应用白色先在背景上喷绘出白色线条，再把白色的线条染成浅绿色，就是在白色上薄薄的喷绘上绿颜色，这样原来的白色就会变成需要的颜色了，这是与普通绘画方法不同的地方。因为彩绘的色彩覆盖力不强，大部分是半透明颜色，这也与喷绘有关，如果喷绘出的颜色非常薄，也会导致覆盖力不强，这是彩绘中需要注意的地方。

第三节　车身彩绘技术新研究

一、彩绘技术分类

汽车彩绘技术根据地域性可以分为欧美模板彩绘技术、日本直喷彩绘技术、港台彩绘技术和俄罗斯复杂彩绘工艺。

1. 欧美模板彩绘技术

模板彩绘是彩绘的初级技术，模板彩绘在欧美地区兴起较早，经由几十年的发展虽然已自成体系，但模板技术存在边缘生硬、过渡不均匀以及容易漏色跑漆等缺点，并且没有一定美术基础或不经长期训练很难掌握。

2. 日本直喷技术

直喷彩绘技术作为日本彩绘的代表技法在世界彩绘业内享有很高的声誉，采用该技术喷绘的作品色彩细腻、过渡均匀且造型逼真。该技术不仅可以作为一项独立的彩绘技术进行实际绘制整车，也可以弥补模板技术在绘制图案时的不足。

3. 港台彩绘技术

港台式技术特点灵活多样，技术技法交错，适于绘制抽象、拉花等图案图形，是目前国内彩绘业的新风格。

4. 俄罗斯复杂彩绘工艺

汽车彩绘虽然起源于南美，发展于欧美，但目前最具影响力、绘制效果最为精细复杂的彩绘技术却来自俄罗斯。俄罗斯是传统的艺术大国，绘画也是他们的强项。彩绘作为一种新的艺术形式在俄罗斯得到了更大规模的发展。俄罗斯复杂彩绘工艺的特点是可以通过简单易学的工艺流程，绘制出层次感和空间感强烈、造型逼真细腻以及构图严谨复杂的超写实图案。因此，俄式彩绘工艺被誉为彩绘艺术的最高境界。

二、汽车彩绘的工艺流程

1. 车身清洗

确保车身表面无灰尘、油污、残蜡和水分。

2. 基础遮盖和保护

在进行基础打磨或彩绘时，不需要彩绘的部位要及时地进行遮盖和保护。主要针对车灯、镀铬装饰条、非彩绘部位等，使用遮盖纸（多为报纸）或遮盖膜进行遮盖。

3. 基础打磨

基础打磨主要目的有两个，一个是找平，另一个是打磨光滑。车身找平主要在平面和曲面上进行。平面上找平目的是为在平面上确定所有面都在一个平面上；在曲面上，一定要注意不再找平，要确定曲面要平滑过渡，不能出现凹凸不平的表面。基础打磨主要目的是打磨掉原车的清漆，为提高后续彩绘涂料的附着力做准备。

4. 图案准备

将原始图案使用 Photoshop 软件进行处理，并打印出来，以备在创作的时候参考使用。

5. 彩绘喷涂

根据打印出来的图案，使用制作好的模板，在车身上进行创作。最重要的是要把握好色彩的过渡和光线的修正。

参考文献

[1] 任超. 职业学校汽车钣金专业对混合式学习的新需求 [J]. 时代汽车, 2022（03）：
47-48.

[2] 高丹，雷长鸣. 汽车尾门密封条漏水因素研究 [J]. 汽车实用技术，2021，46
（23）：80-82.

[3] 王飞，李建国，周次心，等. 浅谈汽车车身工艺孔设计 [J]. 汽车工艺师，
2021（10）：16-19+24.

[4] 马波. 低温热熔塑料在汽车面板修复中的应用 [J]. 汽车维修与保养，2021（09）：
80-81.

[5] 曾凯凯. 浅谈汽车漆面坑包缺陷无痕修复方法 [J]. 汽车维护与修理，2021（13）：
74-75.

[6] 张坤，杨晓东. 汽车四门锥型孔技术研究 [J]. 时代汽车，2021（09）：146-
147.

[7] 李有念. 汽车钣喷维修节拍化流水生产作业法研究 [J]. 汽车维修技师，2021
（05）：125-128.

[8] 马治军，姚烈，于瑞贺. 汽车车门过开性能及典型过开失效研究 [J]. 汽车零
部件，2021（02）：99-103.

[9] 黎文晖. 论标准化在提升汽车 4S 店运营效率中的应用 [J]. 商业文化，2021
（19）：96-97.

[10] 杨洁，钟兴钢，伍天海. 浅析汽车车身无痕修复技术的重要性及方法 [J]. 时
代汽车，2021（03）：180-181.

[11] 徐鑫哲. 汽车钣金件焊接机器人工作站的设计 [D]. 广州：广东工业大学，
2021.

[12] 易汝龙. 汽车钣金喷漆后的问题原因分析与预防补救 [J]. 时代汽车，2020

（19）：158-159.

[13] 刘伟，赵立亚. 技工院校汽车维修专业建设情况分析 [J]. 职业，2020（25）：76-77.

[14] 王亮. 基于仿真与干涉分析的汽车可制造性分析系统的研究 [D]. 合肥：合肥工业大学，2019.

[15] 侯勇. 一种汽车钣金喷漆用钣金锤的设计 [J]. 汽车与驾驶维修（维修版），2019（03）：86-87.

[16] 廉立光. 基于计算机视觉的钣金件螺栓螺帽缺失检测研究 [D]. 哈尔滨：哈尔滨工业大学，2019.

[17] 郑宏伟.《汽车钣金与喷涂》课程一体化教学的实践运用 [J]. 汽车与驾驶维修（维修版），2018（07）：154.

[18] 李鸿，田智，雷勇，等. 2016 年重庆市某区汽车维修行业职业病危害因素检测 [J]. 职业与健康，2018，34（02）：154-156+161.

[19] 柴剑荣，钱亚玲，路艳艳，等. 汽车维修企业职业病危害现状及风险评估 [J]. 预防医学，2017，29（11）：1115-1118.

[20] 姜晓峰. 浅谈拆装规范对于钣喷专业教学的重要性 [J]. 学园，2017（27）：52+63.

[21] 赖名峰. 免喷漆无损汽车凹陷修复技术介绍 [J]. 汽车维修与保养,2017（05）：97.

[22] 曹军. 汽车钣金喷漆中常见的误区 [J]. 知识文库，2016（15）：243.

[23] 魏超. 汽车前车门结构设计研究 [D]. 北京：华北电力大学，2016.

[24] 何作力，安玉，杜影. 大连市某汽车 4S 店钣喷线职业病危害因素的调查与评价 [J]. 职业与健康，2015，31（04）：433-436.

[25] 肖武华. 汽车钣金件非接触测量规范关键技术研究 [D]. 上海：上海大学，2015.

[26] 李珏，王会宁，王忠旭，等. 北京某地区汽车维修企业职业病危害状况的调查 [J]. 中华劳动卫生职业病杂志，2014，32（06）：429-431.

[27] 叶文海. 汽车车身修复专业实训教学中如何实现节能环保 [J]. 汽车维修与保养，2014（02）：83.

[28] 容瑞良. 探析汽车钣金维修在维修技术中的重要性 [J]. 内燃机与配件，2021（23）：154-155.

[29] 汽车钣金喷涂流水线生产方式应用 [J]. 交通节能与环保，2012，8（03）：1-3.

[30] 叶建华. 免喷漆汽车凹陷修复技术揭秘 [J]. 汽车维修与保养，2011（02）：81-82.